사람이 경쟁력이다

– 기업경영자의 전략적 노사관계리더십 –

송 봉 근

사람이 경쟁력이다
– 기업경영자의 전략적 노사관계리더십 –

초판 인쇄 | 2012년 1월 2일
초판 발행 | 2012년 1월 10일

지은이 | 송 봉 근
펴낸이 | 김 희 성
펴낸곳 | (주)중앙경제
주 소 | 서울시 중구 신당2동 355–8 백석빌딩 신관 4층
출판등록 | 80. 6. 21 제 2–66호
전 화 | 02–2231–7293
팩 스 | 02–2235–5344
홈페이지 | www.elabor.co.kr

편집 · 디자인 | 한지희

ISBN 978–89–7017–268–2 (03320)
정가 15,000원

기업경영자의 전략적 노사관계리더십

사람이 경쟁력이다

송봉근

(주) 중앙경제

머 리 말

현대와 같은 무한경쟁의 지식정보화사회에서 기업은 꾸준한 혁신으로 경쟁력을 갖추지 않으면 생존조차 어려운 상황이다. 기업의 사회적 책임론과 함께 노동조합의 사회적 책임론이 등장하고 있는 자본주의 4.0시대에서 이제 기업은 자본가의 이윤만을 추구하던 조직에서 근로자, 투자자, 채권자, 고객, 정부 등 다양한 이해관계자에 대하여 책임 있는 역할을 부여 받고 있다. 이에 따라 자본 중심의 경영에서 인간 중심의 "사람경영"이 경쟁력의 화두로 대두되고 있다. 즉, 자본은 국가나 지역의 경계도 없이 오직 이윤을 추구함에 따라 신자유주의의 폐해인 빈부의 격차를 심화시키고 금융과 재정의 위기상황을 초래하고 있다.

이제는 유동성이 약하면서 인격성과 윤리성을 가진 인적자원(노동)이 기업과 가계 그리고 국가경쟁력의 원천이 되고 있다. 사람경영의 체계를 형성하는 노사관계(개별적, 집단적, 고용관계 포함)가 기업경쟁력의 핵심으로 등장하고 있는 것이다. 이제 기업은 고객만족의 경영(Customer Relations Management, CRM)을 실현하여 경쟁력을 확보하기 위하여는 내부고객인 근로자를 만족시키는 사람경영(Human Resources Management, HRM)이 효율적으로 이루어져야 하는 지식정보화시대의 경영전략이 필요하게 되었다.

미국의 저명한 경제학자인 라이시 교수나 세계적 초우량기업인 마이크로 소프트(MS)사의 빌 게이츠, 제너럴 일렉트릭(GE)사의 잭 웰치와 같은 경영자의 주장을 인용하지 않더라도 이와 같은 노사관계질서체계에 의한 사람경영은 이제 기업의 경영자가 최고의 가치를 부여하여야 하는 분야로 등장하였다. 미국의 대표기업으로 120년간을 군림하던 록펠러가의 상징인 액손 모빌이 대학중퇴자인 스티브 잡스의 애플에 뉴욕주식시장에서 정상의 자리를 넘겨 주었다. 1975년에 LA의 조그마한 창고에서 4~5명의 친구들과 시작한 애플이라는 기업이 미국의 상징인 GE, GM, 액손 모빌 등과 같은 다국적기업을 차례로 누른 것이다. MS사의 빌 게이츠도 가장 두려운 상대가 누구냐는 질문에 "지금 이 순간에도 어두운 사무실에서 무언가 개발하고 있는 젊은이들이다"라고 하였다. 빌 게이츠의 이야기와 같이 그 순간에도 스텐포드 대학교 근처의 차고에서 "구글(Google)"의 창업자들이 새로운 꿈을 실현하고 있었다.

지금도 우리나라 초우량 기업의 경영자들은 이와 같이 인재가 경쟁력이라는 사실을 인식하고 사람경영에 정열을 기울이고 있다. 인재들이 창의력과 혁신의지를 갖고 업무에 몰입 할 수 있도록 사기진작과 조직문화의 형성을 위하여 노동력의 활용체계인 노사관계질서의 정립에 최고의 가치를 두고 있다.

하지만, 우리나라 기업의 많은 경영자는 아직도 산업화시대의 유물인 자본 중심의 경영으로 무한경쟁시대의 파고에 대응하고 있어 위기상황을 맞고 있다. 어찌 보면 당연한 현상이라고 생각되기도 한다. 우리나라 150만여개의 기업 중 대기업으로 분류되는 300인 이상의 기업은 2,000여개에 불과한 실정이고 이중 무한경쟁의 세계화시대에 경쟁력을 갖춘 초우량기업이 얼마나 되겠는가? 가계를 지탱하면서 내수의 원천이 되고 있는 임금근로자가 1,700만명에 달하고 있다. 그래도 인적자원관리의 전문 인력과 관리체계를 가졌다고 추정되는 300인 이상의 근로자를 고용하는 대기업에 근무하는 근로자는 170만명(10%) 내외에 불과하여 대부분의 기업(99%)과 근로자(90%)는 사람경영의 효율성(Efficiency)은 기대하기도 어려운 상태에서 근로기준법상의 법정 근로시간이나 산업안전과 같은 합법성(Legitimacy)조차 확보하기 어려운 상황에 있는 것이 현실이다.

이와 같은 노사관계질서 속에서 신자유주의의 진전으로 자본주의 경제는 새로운 위기를 맞고 있다. 초강대국으로 경제, 문화, 금융, 군사 등의 분야에서 세계질서를 이끌던 미국을 비롯한 유럽의 주요 국가가 금융위기에 이어 재정문제로 국가 부도위기를 맞으면서 세계경제가 혼돈의 상황에 처해 있다. 영국이나 미국과 같은 선진국에서 폭동까지 발생하는 상황이 발생하고 있다. 우리나라의 기업도 예외일 수는 없다. 무한경쟁의 시대에서 경쟁력을 갖추지 않고는 단기적으로 생존뿐만 아니라 중장기적인 측면에서의 발전은 기대하기도 어렵게 되었다.

이 책은 우리나라의 경영자가 기업에서 담당하여야 할 막중한 사회적 책임을 수행하는데 일조 할 수 있도록 노사관계질서의 길을 제시 하려고 하였다. 국제적인 국가경쟁력 평가기관에서는 아직도 우리나라의 노사관계경쟁력을 세계 최하위로 평가하면서 노사관계가 국가경쟁력의 발목을 잡고 있다고 지적하고 있다. 최근에도 개별기업인 한진중공업의 정리해고를 둘러싼 노사관계에 정치권이나 시민단체의 개입과 합리적으로 노사관계를 해결하지 못하는 노사의 능력을 바라보면서 이러한 국제기관의 지적을 겸허히 수용하고 새로운 경제도약을 완성하기 위하여는 기업의 경영자가 노사관계의 핵심내용을 이해하면서 채용에서 퇴직까지 어떻게 구성원들의 갈등해소체계를 갖추고 직무몰입과 행복감을 증진시켜 경쟁력을 갖출 것인가에 초점을 맞추었다.

지금과 같이 한치 앞을 예측하기 어려운 경영 환경에서 기업이 생존하고 발전하기 위하여는 노동생산성이 선진국 근로자의 60%에 미달하는 현실을 획기적으로 혁신하여야 선진국으로의 진입이 가능하다. 우리나라의 세계적인 초우량기업 최고경영자는 이미 1993년에 가족을 제외하고는 모두 바꿔야 기업발전이 가능하다고 주장하였고, 현재도 이미 세계경제질서의 혼돈상황을 예견하고 기업의 윤리적인 조직질서 확립과 사회에의 공헌을 강조하면서 사람경영을 실천하고 있다.

필자는 공직에서 정책입안과 집행을 담당하면서 경험한 우리나라 노사관계질서의 현실상황과 학자로서 학문적인 연구를 통하여 바라본 노사관계를 통한 사람경영의 올바른 길을 모색하려고 노력하였다. 다만, 아직까지 노사관계에 있어 경영자의 리더십에 관한 연구가 일천하여 미흡한 부분이 있으리라 생각한다. 이와 같은 부분은 필자가 화두를 제시하는 것이라고 널리 양해하기를 바라면서 이 글이 산업현장에서 "사람이 경쟁력"으로 인식되는 보편적 전환점의 계기가 되기를 기대한다. 그동안 이 책의 집필에 도움을 준 고려대학교의 김동원 교수, 고용노동연수원의 서광범 박사, 손동희 박사, 고용노동부의 김대환 부이사관, 중앙노동위원회의 김영미 과장 등을 비롯한 많은 분들에게 감사의 말씀을 드린다. 언제나 나보다 어려운 이들을 생각하는 삶이 되려는 인생의 목적과 노력에 조금씩이나마 진전이 있기를 기원한다.

2011. 12. 31

건강하고 균형된 사회를 기대하면서

강남대학교 교수 경영학 박사 **송 봉 근**

contents

제4장 노동조합이 없는 기업의 전략적노사관계리더십

제5장 새로운 노사관계제도의 시행과 전략적 노사관계리더십

부 록

제1장 ●●●

한국 노사관계질서의 특징과 경영환경의 변화

제1절
한국경제 50년 기적의 동력과 앙금

한국경제 50년은 주요 외국에서도 기적이라고 평가하고 있다. 이제 경제기적의 요인을 살펴보고 장점은 더욱 살리면서 단점은 보완하여야 할 것이다. 무엇보다도 선진국의 문턱에서 잃어버린 10년이라는 지적을 겸허히 수용하고 성취와 대외 지향적인 한국인의 DNA를 적극 활용하는 지혜가 필요한 시기이다.

국가경제와 기업의 발전을 이끌어 오던 동력이 힘을 잃어감에 따라 새로운 성장 추진력을 찾아야 할 때이다. 세계의 석학들도 우리나라에서 "노사불신, 남북문제, 불법용인"의 문제가 해결되면 1인당 국민소득 3만불 시대로의 진입은 시간문제라고 지적하고 있다.

우리나라 세계 초일류기업의 최고경영자는 이미 1993년에 혁신 없이는 기업이 생존조차 할 수 없다고 선언하였다. 그때는 필요성조차 인식하지 못하던 기업인이나 지식인들도 1997년의 외환위기, 2008년의 국제금융위기, 최근 혼돈의 국제 경제상황을 겪으면서 이제는 국민적 공감대 위에서 변화의 물결로 퍼져 나가고 있다.

지식정보화 사회에서 사람이 경쟁력으로 인식되는 상황에서 노사관계의 혁신이 과제로 등장하고 있다. 혁신은 현재 상황을 서서히 변화시키는 발전과 달리 현 상황을 완전히 파괴하고 새로운 질서를 창조하는 과정에서 뼈와 살을 깎는 아픔을 동반한다. 그러나 우리의 저력은 이제 그 아픔까지도 이겨내고 혁신의 완성단계에 다다르고 있다. 마지막 정상을 향한 고통이 우리에게 남아 있는 것이다.

1. 경제기적의 동력과 원천

우리나라는 1960년대 초 전쟁의 참화가 가시지 않은 상태에서 1인당 국민소득은 60불 내외로 회생이 불가능한 국가였다. 미국의 원조물자인 옥수수, 밀가루, 전지분유로 연명하면서 사회는 대립과 혼란의 소용돌이가 계속되고 있었다. 우리나라에서 "민주주의가 싹트고 경제가 회생한다는 것은 쓰레기통에서 장미가 피어나는 것" 만큼이나 어려운 일이라고 하였다. 당시의 상황으로는 당연한 평가였다. 일본의 통치 하에서 30여년간 국부는 고갈 당하고 민족의 혼조차 빼앗겼다. 해방된 이후에도 조국의 독립을 위해 목숨을 바쳤던 세력이 사회의 주도권을 잡지 못하였다. 우리나라는 싸워야 하는 이유조차 모른 채 남과 북 그리고 좌와 우로 민족이 갈라져 세계역사에서 가장 처참한 전쟁까지 치렀다.

우리민족은 이념이 무엇인지도 모른 채 미국과 소련 및 중국이 대신하여 치루는 전쟁터에서 역사상 가장 큰 희생을 치렀다. 전 세계의 군대가 이 조그마한 한반도에 모여서 제2차 세계대전 때 남은 무기를 소모하려는 듯한 공습과 무참한 학살의 현장에서 한숨과 눈물을 흘려야 하였다.

전쟁이 끝난 이후 10년이 지난 1960년대 초 식민시대와 전쟁의 참화 속에서도 아직 살아 있던 민족의 혼이라는 불씨가 이 땅에 기적의 서광으로 살아나기 시작하였다. 이제 우리민족이 주인이 되어 맨주먹으로 새로이 국가를 건설하기 시작한 것이다. 이념 전쟁의 아픔도 묻어 둔 채 오직 가난을 몰아내고 자주독립이라는 목표를 향하여 온 국민이 눈뜨기 시작한 것이다.

민족자본이 없던 시절 서독에 광부와 간호사로 진출하여 그 어려운 역경을 딛고 자금을 마련하여 지금의 산업동맥이 된 경부고속도로를 건설하고, 어느 민족도 엄두내지 못하던 중동의 열사에서 달러와 목숨을 맞바꾸어 경제 성장의 기반을 마련하였다. 당시 여성들의 긴 머리도 수출의 원자재가 되어 국부 마련의 원천이 되었다. 농촌이나 공장에서 잘 살아 보자는 한민족의 염원은 새마을의 노랫가락에 맞추어 민족의 열정으로 뜨겁게 타 올랐다. 1972년도를 전후하여 남한은 드디어 북한의 1인당 GNP를 능가하게 되었다. 그리고 이렇게 불붙은 경제성장의 동력은 20년이라는 짧은 기간이 지난 1996년에 우리나라가 세계 선진국의 모임인 OECD에 가입하도록 하였고, 어려운 상황 속에서도 1인당 GNP

2만불의 신흥 경제강국으로 변모시켰다.

간단히 살펴보면 1960년에서 2010년까지 50년의 기간에 한국 경제의 실질 GDP는 30~50배 증가(세계평균 6배)하여 세계13위의 경제대국으로 성장하였고, 수출은 세계9위로 초강대국인 일본, 중국과 어깨를 나란히 하고 있다. 이제는 지식정보화시대의 최첨단 산업인 반도체 분야의 D-RAM 생산은 1위, 자동차는 4위, 조선과 TV도 1위를 기록하고 있다. 전 세계인이 무엇보다 주목하는 사실은 이와 같은 기적이 남북 국토분단의 상황 속에서도 실질적인 민주화를 이루면서 세계를 향하여 힘차게 나아가고 있다는 것이다.

2. 경제기적의 동력저하와 재도약의 추진

한국경제 성장의 이면에는 양극화의 장벽, 남과 북의 분단지속, 혼돈의 세계질서 속에서 수출이 주도하는 경제를 더욱 견고히 하여야 하는 숙제를 안고 있다. 여기에 국경이 사라진 최근의 무한경쟁시장은 우리에게 위기이자 도전의 기회로 작용하고 있다.

수출주도형 경제모델이 심각한 도전을 받으면서, 대기업 위주의 편중된 성장이 허약한 경제체질로 드러나고 있다. 경제의 근간을 이루어야 할 중소규모기업은 매우 취약하여 중장기적 지속성장에 장애요인으로 작용할 위험이 되고 있다. 한편으로는 일본과 중국 사이에서 생존의 길을 찾아야 하는 어려운 상황을 맞고 있다. 중국은 이미 한국의 주요 선도산업 중 상당부문에서 위협이 되고 있으며, 일본은 첨단기술분야의 핵심기술을 무기로 보이지 않는 위협요인이 되고 있다. 이와 같은 상황에서 세계는 금융, 재정, 환경, 기후, 식량 등의 분야에서 위기를 맞으며 한치 앞을 예상하기 어려운 불확실성의 시대에 직면하고 있다.

내부적으로는 우리나라의 성장원천이었던 우수하고 근면한 국민정신의 저력이 약화되고, 진취적인 기업가 정신이 약화되면서 기술과 자본투자에 소극적으로 대응하여 대외 경쟁력에 한계가 노출되고 있다. 실제적으로 세계 최고의 우수인력(고등교육이수율 56%, OECD평균 34%)과 최고의 근면성(연간근로시간 2008년 2,301시간, OECD평균 1,770시간)으로 성장을 이끌던 우리나라의 유일한 자원인 인력의 활용성도 약화되고 있고, GDP대비 R&D투자비율 3.47%(2007년 417억달러)로 세계3위이던 투자의욕이 급격히 저하되고 있으며, 세계 최고를 자랑하던 저축률까지 저하되어 자원의 동원 체계에 한계가 발생하고 있다. 여기에 아직도 해결하지 못한 남북분단의 문제가 핵개발을 둘러싸고 우리의 통제범위를 벗어나 강대국들의 이해관계 속에서 한치 앞을 예상하기 어려운 상황이 전개되고 있다. 이에 따라 경제성장률은 점차 낮아지고 있으며, 국제기관에서 평가하는 국가경쟁력도 실제의 경쟁력을 제대로 반영하지 못하고 20~30위 내외를 유지하고 있다.

3. 노사관계경쟁력과 경제성장의 동력

이제 경제주체인 노사정은 세기의 기적을 이끌어 낸 우리민족의 DNA를 다시 돌아보고 선진강국으로 도약하는 성취와 대외지향적인 기상에 다시 불을 붙여야 할 때가 되었다. 현대 산업사회에서 기업은 경쟁력을 강화하여 주주의 이익뿐만 아니라 종업원, 고객, 정부와 같은 이해관계 당사자들의 기대에 부응하여야 하는 주체로 등장하였다. 기업의 경영을 전반적으로 책임지고 있는 경영자는 도전정신과 창의력을 바탕으로 근로자들이 자아실현과 근로조건을 개선하기 위해 자신의 일에 몰입하는 기업문화를 형성하여야 한다. 노사관계경쟁력은 바로 지식근로자의 역할을 강조하는 인적자원관리체계의 틀을 형성하여 기업경쟁력으로 연계되는 것이다.

기업은 이윤추구를 기반으로 하면서 공정하고 균형된 사회를 형성하는 중심이 되고 있다. 기업을 중심으로 한 경제주체들의 사회적 책임론이 대두되고 있는 것도 신자유주의 체제에서 불거진 왜곡된 사회현상을 시정하여 중장기적인 차원의 경쟁력을 확보하자는 노력의 일환이다. 사람이 경쟁력인 새로운 경영환경 하에서 잠재성장률을 향상시키도록 노사관계경쟁력을 강화하여 경제성장의 동력을 모색하여야 할 상황이다.

경제성장률 추이

(단위, 전년대비, %)

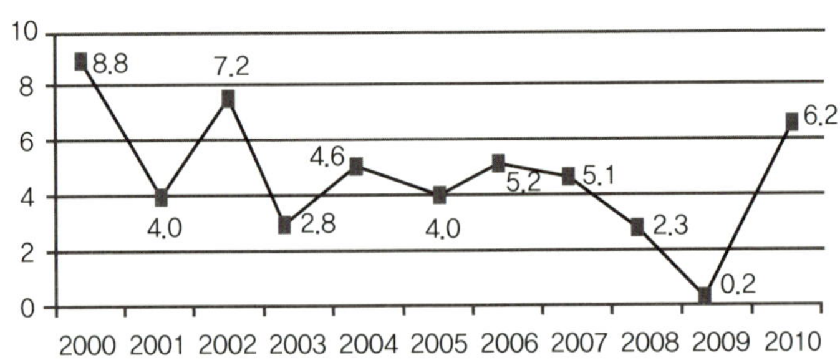

자료: 한국은행, 경제통계시스템

노사관계와 국가경쟁력 추이

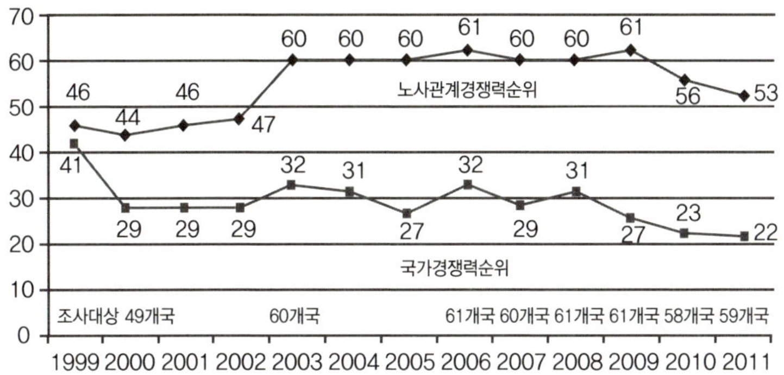

자료: IMD, The world Competitiveness Report

제2절
노사관계질서를 둘러싼 새로운 경영환경의 도래

우리나라의 노사관계경쟁력은 사람경영의 핵심요소임에도 불구하고 아직도 세계 최하위 수준으로 기업과 국가경쟁력의 약화요인으로 작용하고 있다. 노사관계질서의 혁신 필요성은 노사관계를 둘러싼 환경적 측면과 시스템자체의 내재적 측면에서 동시에 제기되고 있다.

기업은 각자의 분야에서 최고수준의 경쟁력을 확보하여야만 생존이 가능한 무한경쟁의 장이라는 환경에 노출되어 있다. 경쟁에서 살아남기 위하여는 지식, 정보, 기술의 주체인 인적자원을 효율적으로 활용하는 체계를 갖추어야 한다. 신자유주의의 병폐를 극복하고 사회통합을 이루어 노사정이 경쟁력을 강화하여야 한다.

노사관계질서는 분배와 대립의 구조에서 협력과 창조를 이끌어 내는 체계로 변화하여야 한다. 기업경영자는 사람이 경쟁력이라는 인식하에 노동력을 생산요소가 아니라 인적자원으로 활용하는 경영체계를 형성하여야 하는 것이다.

노동조합도 전통적인 노사대립에 바탕을 둔 단체교섭과 집단행동의 틀에서 벗어나 좋은 일자리의 확대와 균형 잡힌 사회를 형성하기 위하여는 적극적으로 기업경영에 동참하고 협력하여 기업을 발전시켜야 하는 전략적 역할을 요구받고 있다. 그동안의 대기업 정규직 노동운동에서 벗어나 전체 근로자의 이익을 대변하는 책임있는 경제주체로서 활동하지 않으면 노동운동 자체가 위기를 맞게 되어 있는 것이다.

1. 세계화와 무한경쟁의 심화

정보화와 운송수단의 발달, WTO 체제의 정착, 국제자본 이동의 급속한 확대 속에서 세계경제가 하나로 통합되는 세계화의 진전이 가속화하고 있다. 세계화는 국내 · 지역 시장 내에서의 제한경쟁을 세계 단일시장의 무한경쟁으로 바꾸어 놓은 것을 의미한다. 세계화로 인하여 상품시장 뿐만 아니라 요소시장의 자본 · 노동 · 기술 등도 국가간 이동이 자유로워지고 있다. 특히, 상품시장은 세계 최고가 독점하는 시대를 탄생시키고, 요소시장에서도 하루아침에 자본이 전 세계를 국경도 없이 넘나들고 있다.

이제는 미국의 주식시장 상황이 즉시 한국에 영향을 미치고, 유럽 · 일본 · 중국시장 상황이 국내경제에 직접적으로 영향을 미치는 시대에 돌입하고 있다. 다만, 생산요소 중 인적자원(노동)은 그 이동이 쉽지 않아 인적자원이 우수한 우리나라 경제에 희망을 주고 있으나, 이 또한 왜곡된 교육체계, 현실과 괴리된 생애능력개발체제, 낙후된 고용시장 구조, 저성장과 빈부격차의 심화가 내부갈등을 유발하여 경제적 비효율성의 원인이 되고 있다. 이제 1997년 이후 10여년간 성장의 동력이 저하되어 새로운 도약을 위한 혁신을 추진하여야 하는 과제를 안고 있다.

2. 지식정보화 사회의 출현

과거 산업혁명을 계기로 농업사회에서 산업사회로 이행한 것과 같이 이제는 정보통신의 급격한 발전으로 산업사회가 지식기반사회로 이행하고 있다. 지식기반경제의 특징은 지식이 축적 될수록 새로운 지식의 창출이 더욱 용이해지는 특징을 나타낸다는 점이다. 과거 물적 자본을 바탕으로 한 대량생산체제에서 지식과 정보를 바탕으로 한 소량·다품종생산체제의 시장상황에 대응하지 못하면 기회가 아니라 경쟁력 상실로 경제자체가 붕괴되는 현상이 발생하게 된다.

물적자본이 생산의 원천을 이루던 산업화 시대에는 수확체감의 법칙이 작용하여 국가와 사회간 격차가 완화되었지만, 지식기반경제에서는 오히려 수확이 체증하는 현상이 발생하고 지식정보가 축적된 국가와 사회로 자본이 집중되어 선진국과 개도국간의 격차가 더욱 확대되고 있다.

이와 같은 현상은 외부시장뿐만 아니라 내부시장에서도 발생하여 지식정보화 수준에 따라 빈부 격차가 더욱 심해지는 사회양극화 현상이 심화되는 경향이 발생하고 있다. 내 · 외시장에서의 격차는 사회갈등과 혼란을 초래하여 궁극적으로는 지식 · 정보화 사회가 인간의 행복을 증진시키는 것이 아니라 오히려 물질과 정신세계를 황폐화 시키는 현상을 경계하여야 하는 상황으로 전개되고 있다.

3. 미국 중심의 세계경제질서 변화

제2차 세계대전 이후 미국을 중심으로 달러를 기축통화로 하는 경제질서가 50여년간 이어졌다. 하지만, 미국경제가 지나친 소비중심의 경제로 기반이 약화됨에 따라 EU, 일본, 중국, 브라질, 인도 등이 새로운 경제중심으로 부각되고 있다.

우리나라는 1960년 이후 전 세계에서 유례없는 경제성장과 민주화를 이루었지만 1987년 민주화 물결, 1997년 외환위기를 겪으면서 세계화의 변화 속에서 일본과 중국의 틈바구니인 경제적 넛크래커(The Economic Nutcracker) 상황에 처해있다. 한국의 대기업 위주의 수출주도형 경제발전체제가 중국의 추격과 일본의 회생에 의해 잠식 당하는 상황에서 경제의 기적은 끝이라는 지적도 제기되고 있다.

한국이 직면한 이러한 어려움을 극복하기 위해서는 세계화의 상황에서 추격하고 있는 저개발 국가의 추격을 따돌리고, 선진국을 따라잡기 위한 개방화와 인적자원 부문의 혁신이 필수불가결한 상황이다. 특히, 기업가 정신을 강조하는 사회로의 이행을 촉진하는 규제완화와 시장경제의 보호라는 정부의 역할이 강조되고 있다.

4. 성장 잠재력의 저하

우리경제 내부의 상황은 그동안의 성장모델이 한계를 드러내면서 성장 잠재력이 급격히 저하되는 추세를 보이고 있다. 우리나라의 경제는 1970~1980년대에는 7~8%, 1990년대에는 6% 내외의 성장률을 유지하여 왔으나, 2001년 이후에는 4% 내외로 성장률이 하락하고 있다.

이제 대내외의 경제상황이 급변하고 있는 가운데 우리경제는 경기 순환상의 문제보다는 구조적인 성장 동력의 약화에 따른 "저성장의 함정"에 빠질 수도 있다는 우려가 제기 되고 있다. 경제의 성숙에 따라 적정 인플레이션하에서 달성할 수 있는 최대한의 생산수준인 잠재성장률 자체가 하락하고 있다는 분석이 나오고 있는 실정이다.

이와 같은 현상은 투자확대, 기술발전, 노동공급확대, 인적자원개발 등과 같은 생산성 향상방안의 강구가 필요한 상황으로 노사관계혁신을 통한 기업경쟁력의 강화가 절실한 실정이다. 이제는 노사가 분배의 구조에서 기업의 혁신을 추구하는 파트너의 관계로 조직문화를 변화시켜 성장 잠재력 자체를 끌어 올리는 노력이 필요하게 된 것이다.

5. 사회 양극화의 심화

최근 우리경제의 성장세가 둔화되고 있는 가운데 사회의 양극화

현상이 심화되고 있다. 대기업을 중심으로 수출을 주도하는 분야는 호조를 보이고 있으나, 설비투자와 민간소비 등의 내수분야는 침체되어 사회 양극화의 원인으로 작용하고 있다. 또한, 대기업과 중소기업, 노동시장의 정규직과 비정규직의 차이는 이미 사회갈등 요소로 작용하여 국가경쟁력과 사회적 일체감의 저해요소가 되고 있다.

이에 더하여 성장에 따른 고용창출의 저하로 실업자, 비자발적 비경제활동인구의 증가와 같은 병폐가 사회 양극화를 더욱 악화시키고 있다. 경제와 노동시장의 양극화는 균형잡힌 성장을 저해하고 사회구성원의 사기를 저하시켜 성장 잠재력을 근본적으로 훼손시키는 결과를 초래 한다. 최근에 국가적인 정책목표가 되고 있는 "일자리 창출"이나 "좋은 일자리(decent work) 마련"도 궁극적으로는 시장기능이 활성화되어 기업이 경쟁력을 갖추어야 가능한 것이므로 정책목표로 사회 양극화의 해소가 시급한 과제로 떠오르고 있다.

이를 극복하기 위하여 기업의 경영윤리가 강조되고 있는 가운데 근로자의 참여를 바탕으로 경쟁력을 강화하고, 성과보상체계를 공정하게 운영하여 종업원의 삶의 질을 향상시키는 경영혁신이 생존전략으로 추진되고 있다. 즉, 노동을 생산요소가 아니라 지식정보화 사회에서 창조와 생산력 강화의 원천으로 노사관계체계를 형성하여야 하는 상황이다.

제3절 세계 노사관계질서의 흐름

1. 노사관계질서에 관한 이론적구조의 변화

노사관계질서를 둘러싼 환경의 변화는 노사당사자의 역할에도 변화를 요구 받고 있다. 그동안 노사관계를 노사정의 정태적 시스템으로 바라보던 시각에서 경제주체들의 전략적 선택행위의 가치를 중시하게 되었다.

노사관계를 분석하는 틀도 기초조직-제도-이슈로 바라보던 시스템적 사고에서 벗어나 변화하는 상황에 적응하는 동태적 체계로 인식하고 있는 추세이다. 노사관계과정에 참여하는 노사정주체는 서로 상충되거나 공통된 목표를 추구하는 과정에서 경영환경의 변화에 따라 경제주체들의 전략적 선택이 노사관계질서의 형성에 커다란 영향을 주고 있는 상황인 것이다.

이제 경제주체들은 노사관계체계를 단체협약, 취업규칙 등의 사업장규칙(work of rule)을 만들어 가는 구조에서 외부환경변화에 대응하여 경쟁력을 강화하는 전략적인 의사결정구조로 변화하고 있는 것이다.

(1) 노사정 시스템적 접근이론의 형성

노사관계는 산업관계(Industrial Relations)를 지칭하는 것으로서 노동조합과 사용자의 관계 속에서 발생하는 총체적 관계를 의미한다. 미국 노사관계론의 태두인 던롭(J. T. Dunlop)교수는 '노사관계란 노동관계의 당사자인 근로자와 사용자, 그리고 그들 관계에서 노사정책을 처리하는 정부를 포함한 노 · 사 · 정의 상호관계' 로 정의하고 있다.

던롭은 노사관계가 노사관계 당사자와 그 당사자들 사이의 공통의 환경인 기술 · 시장 등의 상호작용 속에서 사업장의 규칙이 산출되어지는 하나의 시스템으로 보고 있다. 이러한 시스템 속에서 노사가 함께 준수해야 할 임금, 고과, 해고 등에 관한 제 규정이 어떻게 설정되고, 노사정이 따라야 할 노동조합의 설립과 단체교섭 및 노사분쟁 절차를 어떻게 설정하고 지켜 나가느냐에 관한 내용이 노사관계체계의 핵심이라 하였다.

던롭의 노사관계시스템 이론에서 노사관계의 주체인 근로자 · 사용자 · 정부는 근로자와 근로자 대표조직, 사용자와 사용자의 위임을 받은 관리감독자, 노사관계를 담당하는 정부기관을 의미한다. 이들 노사관계의 주체의 행위자들은 노사관계시스템을 둘러싼 여러 가지 환경의 제약을 받으며 행동하고 상호작용을 한다.

노사관계 주체들에게 영향을 주는 것은 기술조건, 시장과 예산상의 제약, 노사관계 주체간의 힘의 분배관계가 핵심요소이다. 이와 같은 노사관계시스템 내에서 노사공동체의 규칙인 산업현장의 질서가 단체협약, 노사관계법규의 형태로 형성된다.

이러한 절차와 규칙은 시간이 지남에 따라 환경의 변화나 노사관계 주체들의 상대적인 위치와 함께 변화하게 된다. 이와 같은 던롭의 노사관계시스템이론은 현재까지도 노사관계를 이해하는 유용한 모델로 활용되고 있으나, 환경변화에 대한 한계로 정태적인 분석의 틀이라는 비판에 따라 전략적 선택이론이 보완이론 체계로 등장하였다.

노사관계의 개념적 틀

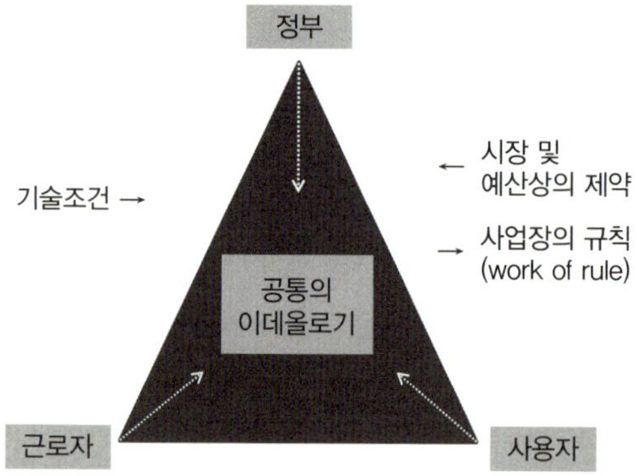

자료 : J.T. Dunlop, Industrial Relations System, 1958, p.4에서 필자가 재구성

(2) 전략적 선택이론의 등장

미국기업도 1980년대 이후 경제 · 사회적 환경변화로 국제경쟁의 심화와 일본 · 독일 등의 도전에 대응하고 경쟁력을 강화하기 위해서는 종업원의 참가와 협력과 같은 새로운 노사관계 접근이 필요하게 되었다. 이에 따라 기존의 분석틀에 대한 보완적인 이론모델로 KKM(Kochan, Katz and McKerzie)의 전략적 선택이론이 등장하였다.

KKM모델은 던롭의 모델이 급격하게 변화하는 현대의 노사관계를 이해하는 데는 한계가 있다고 비판하면서 노사관계 주체들의 전략적 선택(Strategic Choice)을 새로운 변수로 삼았다. 전통적인 단체교섭의 틀을 유지하면서 노사관계의 축으로 노사협력, 단체교섭의 분권화, 임금결정의 유연화를 지향한다는 것이다. 노사관계 주체인 노동조합은 기업경영에의 참여와 협력, 기업경영자는 열린 경영과 사람중심의 경영, 정부는 노사를 지원하는 역할의 변화가 전략적으로 이루어진다는 것이다.

기업을 둘러싼 외부환경의 변화는 사용자로 하여금 환경변화에 맞추어 기업의 경쟁전략을 수정하게 한다. 노동조합이나 정부 정책 결정자도 전략적으로 기존의 노사관계 체계에 변화를 가져오게 되었다. 던롭이론은 노사관계 주체들의 행위가 기술, 시장, 권력이라는 노사관계의 외적 환경에 의해 결정된다고 주장하였으나, 전략적 선택 모델은 환경적인 영향과 조직의 반응 가운데 어떤 것이 노사관계 현상에 더 중요한 영향을 미치는 가는 상황에 대응하는 노사정의 전략적 선택에 따라 달라진다는 것이다.

전략적 선택의 이론적 모델에서 노사관계의 과정과 결과는 환경적 영향과 조직의 반응이 상호작용을 통해 계속적으로 이루어진다고 본다. 던롭의 이론에서 노사관계 주체들의 행위는 기술, 시장, 힘의 분배라는 노사관계의 외적환경에 의해 결정된다는 시각을 보완하는 것이다. 노사관계 주체들이 전략적으로 행하는 선택 중에서도 핵심을 이루는 요소는 노동조합에 대해 경영진이 가지고 있는 가치를 핵심으로 본다. 이러한 측면에서 경영자의 전략적 노사관계 리더십을 통한 인적자원경쟁력이 기업경쟁력의 원천이 된다고 주장한다.

전략적 선택이론 체계

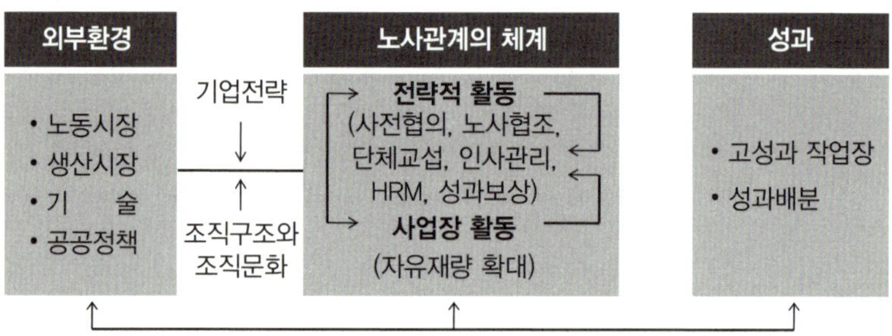

자료 : Kochan, Katz, and Mckersie, The Transformation of American Industrial Relations, 1984, p.11의 모형을 필자가 재구성

2. 노사관계의 발전과정

노사관계는 18세기 영국에서 시작된 산업혁명 이후 공업화 과정을 배경으로 성립된 것이기 때문에 시대와 사회상황에 따라 상이하게 변화되어 왔다. 따라서 노사관계의 발전 형태는 산업화 과

정에서 나타난 노사관계 당사자의 성격 · 경제 · 사회상황에 따라 특성을 달리한다. 노사관계는 일반적으로 산업화 초기의 전제적 노사관계, 온정적 노사관계, 근대적 노사관계에서 민주적 노사관계로 발전하여 왔다. 최근에는 세계경제 질서의 변화에 따라 노사정의 전략적 선택에 따른 협력적 노사관계가 산업사회의 기조로 등장하고 있다.

(1) 노사관계의 흐름

전제적 노사관계

전제적 노사관계는 산업화 초기의 노사관계로 자본가에 의하여 임금 · 근로시간 등의 근로조건이 일방적으로 결정되는 관계를 의미한다. 이때는 소유자가 직접 경영(owner management)까지 담당하는 특색을 가지고 있었다. 이때의 노사관계는 전형적인 지배 · 복종의 관계를 특징으로 하고 있어, 근로조건의 결정도 자본가에 의하여 일방적으로 이루어졌다. 이러한 관계로 인해 장시간 근로와 임금착취로 근로자 계층의 저항을 발생시킨 결과를 가져오게 되었다.

온정적 노사관계

전제적 노사관계에 대한 근로자들의 반발에 대응하여 자본가는 종래의 노사관계로는 근로자들의 효율성을 확보 할 수 없게 되었다. 이에 사용자는 생산성을 증대시키기 위하여 근로자에게 주택 · 의료 등 가부장적 온정주의에 입각하여 복리후생을 제공하고 근로자는 이에 보답함으로써 노사관계를 유지하였다. 이와 같은 은혜적 보상으로 형성된 노사관계도 공정성이 확보되지 않아 근로자들의 불만을 야기시키게 되어 자본주의질서 자체가 위협을 받게 되는 상황을 맞게 되었다.

근대적 노사관계

산업혁명 이후 자본주의가 발전됨에 따라 자본과 경영이 분리되지 않은 상태에서 전문경영자가 아닌 주주에 의한 경영(stockholder management)이 나타나게 되었다. 그러나 아직도 노동조합의 힘이 약하여 자본가의 전제적 노사관계를 완화하는 정도에 머물렀다.

이에 따라 노사관계는 자본과 경영의 분리가 진행되면서 한편으로는 노동조합이 성장하여 대등한 노사관계로 변화하는 과도기의 노사관계질서가 형성 되었다.

민주적 노사관계

제1차 세계대전 후 1930년대 초 세계경제의 대공황 이후 자본의 집중 · 독점화가 고도로 진전되고 경제규모도 확대되어 "자본과 경영의 분리"가 촉진되어 전문경영자 집단이 일반화 되었다. 노동조합도 미숙련 근로자가 증가하여 산업별 노동조합이 발전하게 되었다.

이에 전문경영자가 노동조합과 대등한 입장에서 임금 · 근로시간 등의 근로조건을 공동으로 결정하는 노사관계가 형성되었다. 정부도 근로자들의 노동운동을 보호하면서 노사의 균형 속에서 대량생산체계로 변화하는 노사관계가 형성되었고 산업화가 비약적으로 발전하는 계기가 되었다.

협력적 노사관계

1980년대부터 시작된 지식정보화 사회의 진전은 노사관계에 큰 영향을 미치고 있다. 노동조합의 조직률은 감소하면서 노사관계도 배분체계에서 경영참여까지 확대되는 변화가 시작되었다. 이에 따라 노사관계질서의 이론적 틀에서 살펴 본 바와 같이 기존의 대립적 노사관계는 쇠퇴하고, 새로운 협력적 노사관계의 틀이 형성되고 있다.

세계화의 진전은 무한경쟁시대라는 경쟁체계를 형성하면서 노사관계도 생존을 위해서는 노사정이 전략적 선택에 따라 협력을 통한 생산성 향상에 노사관계의 목표를 두게 된 것이다. 이에 따라 집단적 노사관계뿐만 아니라 개별적 노사관계를 포함하는 사람경영의 중요성이 강화되는 방향으로 노사관계가 변화되고 있다.

(2) 한국 노동운동의 전개 -노사관계의 태동과 발전-

우리나라에 있어서 노동운동은 일본자본의 침입에 의한 식민지적 산업화의 진전에 따른 임금노동자의 성장과 더불어 노동자계급이 독자적으로 형성됨에 따라 시작되었다. 기록상으로 나타난 최초의 노동운동조직은 1898년 설립된 성진의 본정 부두노동조합이었다.

1900년대 이후에는 노동자 계층의 계급적 요구를 가지는 노동쟁의를 중심으로 한 노동운동이 등장하였다. 특히, 1919년의 3·1운동은 노동운동이 독립운동의 일환으로 전개되는 계기가 되었다. 1930년대 급속한 공업화의 진전에 따른 노동자계급의 성장으로 노동운동은 폭력적인 파업투쟁을 동반하면서 국제노동운동의 영향을 크게 받게 되었다. 이와 같이 노동운동이 발생하기는 하였지만 사실상 노동자의 힘이 민족문제와 사회의 폐해를 해결할 만큼 성숙하지는 못하였다. 노동운동의 응축된 역량은 일제가 패망한 8.15해방 이후 미군정체제를 겪으면서 1960년대 이후 경제성장과 함께 본격적으로 전개되었다.

노동운동의 발전

1945년 일본으로부터 해방되자 1930년대 이래 일제에 의해 금지되어 왔던 노동조합 활동이 활발히 전개되었다. 당시의 미군정청 통계로는 1946년 11월 30일 현재 노동조합수가 남한에만 1,179개였고, 조합원수는 30여만명이었다.

이러한 노동조합이 산업별로 노동조합을 결성하여 1945년 11월 5일 하나의 전국적 노동조합으로 '조선노동조합전국평의회(전평)'가 조직되었다. '전평'은 최저임금제의 확보, 8시간 노동제 실시, 동일노동 · 동일임금 지급, 산전 · 산후 2개월간 유급휴가제, 사회보험제 실시 등 당시로는 무리한 주장을 하면서 좌익 세력의 전위부대로 활동하였다. 이들은 1948년 2월과 5월에 총파업을 감행함에 따라 미군정이 '전평'을 불법단체로 규정하였다.

이와 같은 좌익세력하의 '전평'에 대응하여 우익세력은 1946년 3월 10일 '대한독립촉성노동총연맹(대한노총)'을 결성하고 본격적으로 활동하였다. 다만, '대한노총'은 노동자들의 순수한 노동운동이라기보다는 우익진영의 청년단체 및 정당 관계 인사들에 의해 상층지도부에서부터 결성된 조직으로, 명실상부한 노동조직이라기 보다는 '전평' 산하 노동조합을 축출하는 반공투쟁조직의 성격이 강하였다.

1948년 정부수립 이후 대한노총은 좌익 노동운동 세력을 종식시키고 산업화 과정과 더불어 본연의 노동운동 방향을 모색했어야 했지만, 6·25동란이라는 국가의 비운으로 제대로 된 노동운동은 1960년대 이후에서야 시작되었다.

경제성장기의 노동운동

1960년대는 정부 주도형 경제개발계획을 통하여 집단적 노동운동은 많은 통제를 받으면서도 산업현장의 민주화에 꾸준히 기여하였다. 1961년 5·16혁명 포고령 제6호에 의해 해체되었던 노동단체가 8월 30일 어용간부의 배제, 파벌지양, 전국단위 산업별 노조의 형성을 주요내용으로 하는 임시조치법이 공포됨에 따라 11개의 산업별 노동조합으로 다시 결성되었다.

노동운동에 대한 통제는 1970년 1월의 외국인 투자기업의 노동조합 및 노동쟁의조정에 관한 임시특례법, 수출자유지역설치법, 1971년 12월의 국가보위에 관한 특별조치법, 1972년의 유신헌법 등으로 계속되었다. 이와 같은 사태에 대한 한국노총과 산별노조의 어용화와 무력화에 대응하여 민주노동조합 운동이 치열하게 추진되었다. 청계피복노조, 동일방직노조, 원풍모방노조, YH무역노조 등에서 강한 반발이 발생하였다. 이러한 민주노동운동은 1980년대 노동운동으로 맥락을 이어가는 계기가 되었다.

산업현장의 민주화와 노동운동

1987년 6.29선언 이후 정치민주화에 발맞추어 노동운동사에도 획기적인 변화가 발생하였다. 특히, 1987년에 전무후무한 3,600여건에 달했던 폭발적인 노사분규는 우리나라 산업민주화의 계기가 되었다. 이와 같은 노사분규를 경험하면서 시장의 자연 발생적인 상황을 권력으로 억누르게 되면 언젠가는 더욱 강하게 폭발한다는 경험을 한 것이다.

1987년 노사분규 이후에 단행된 산업현장 민주화를 위한 노·사·정의 노력으로 비교적 단시간에 안정을 찾기는 하였지만 커다란 경험을 한 것이다. 노사관계는 아직도 노사불신이 강하여 기업경쟁력 강화에 걸림돌로 작용하고 있는 실정이며, 노동운동도 자연히 대기업 정규직 위주로 전개되어 더 이상 근로자 전체를 대변하지 못하고 "그들만의 노동운동"이라는 비난을 받으면서 위기를 맞고 있는 실정이다.

새로운 노사관계질서의 모색

이제는 노사정 경제주체 모두가 세계 경제구조의 변화를 인식하고 1987년 이후의 갈등상황에서 벗어나 노사가 혁신을 통하여 경쟁력을 향상시키려는 노력이 노사관계의 화두로 등장하고 있다. 일부에서는 기업의 사회적 책임론과 함께 노동조합의 사회적 책임론(labor union social responsibility)까지 제기되고 있으나, 그동안의 노사정간 불신, 사업(사업장)단위에서 복수노조의 시행, 노조전임자에 대한 임금지급의 금지, 공무원 및 교원의 불안한 노사관계, 필수공익사업에 있어 필수유지업무의 운영 등 산적한 문제를 해결하여야 하는 과제를 안고 있는 가운데 노동운동은 새로운 노사관계질서를 모색하고 있는 상황이다. 이제 노사관계의 과제는 노사간의 대립과 불신을 지양하고 신뢰와 존중, 참여와 협력, 자율과 책임을 통한 합리적 노사관계를 형성하여 동태적으로 기업의 경쟁력을 강화시키는 노력이 필요하게 된 것이다.

합리적 노사관계의 체계

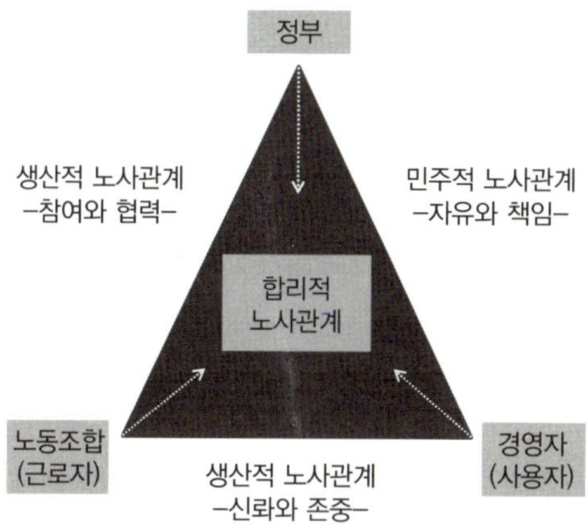

자료 : 김대환, 한국노사관계의 진단과 처방, 2008, p.87을 필자가 재구성

제4절 한국 노사관계질서의 특징

우리나라는 새로운 경제가 빠르게 진전되고 있는 상황에서 노사관계도 급격한 변화를 겪으면서 전근대적인 분배위주의 노사관계에서 탈피하여 노사정의 경제주체가 꾸준히 변화를 추진해 오고 있다. 한편 제조업이 한국경제를 좌우하던 상황에서 서비스업 위주로 산업구조도 급격히 변화하고 있다.

우리나라는 대기업의 정규직 근로자 중심으로 노동운동이 전개되고 있어 중 · 장기적 관점에서 경제 · 사회가 균형을 이루면서 성장하기 위하여는 노사관계도 변화를 요구받고 있다. 그 기능도 산업화 과정에서 사회의 분배 구조적 역할에서 기업의 균형성장을 촉진하는 주체로서의 역할을 수행하여야 하는 상황으로 변하고 있다.

2011년 7월 1일부터는 그동안 법 개정 후 13년간 시행이 유보되어 왔던 사업(사업장)단위에서의 복수노조가 허용되면서 교섭창구를 사업(사업장)별로 단일화 하도록 하고 있다. 현장에서는 노동조합이 기업단위노조의 허약함을 보완하기 위하여 초기업단위노조로 전환하는 상황이 전개되고, 대기업을 중심으로 갈등이 현재화 하고 있어 개정법의 안착에는 상당한 갈등이 예상되고 있다.

노조전임자의 임금에 상당하는 경비지원이 금지되면서 근로시간면제제도(time-off)가 2010년 7월 1일부터 도입되고 있으나, 기업별 노동조합의 특성상 대기업에서는 교섭력을 바탕으로 곳곳에서 탈법적으로 시행하고 있고, 소수노조는 타격을 받아 궁극적으로 산업현장의 갈등해결 구조에 장애가 발생하고 있다. 한편, 필수공익사업에 대한 사실상의 쟁의행위 규제로 인한 갈등의 내재화와 공무원 및 교원노사관계의 파행은 결국 공공서비스의 질을 약화시킬 가능성을 배제 할 수 없다.

1. 노조조직률의 저하와 기업별 노사관계구조

우리나라의 노동조합은 단위노동조합, 산업별 연합단체, 총연합단체의 구조를 가지고 있다. 노동운동의 초기부터 기업별 노동조합이 중심이 되어 단위노동조합을 구성하였다. 단위노동조합은 산업별로 연합단체를 구성하였고, 연합단체는 총연합단체를 구성하고 있다. 총연합단체는 현재 '한국노동조합총연맹'과 '민주노동조합총연맹'으로 양분되어 있으며, 최근 공기업노동조합 위주로 "제3노총"이 설립되었다. 노동조합원 총 164만명 중 73만여명(45%)은 한국노동조합총연맹에, 59만여명(36%)은 민주노동조합총연맹에 가입하고 있으며, “제3노총”에는 3만여명이 가입하고 있다. 한국노총, 민주노총, 제3노총에도 가입하고 있지 않은 노동조합원은 30만명(18%)내외의 분포를 나타내고 있다.

노동조합이 기업별로 조직됨에 따라 일정 규모 이상이 되어야 기업에서 노동조합의 조직필요성이 제기되므로, 우리나라의 노조 조직률은 민주화 과정에서 1989년의 19.8%를 정점으로 지속적인 하락추세를 보여 2009년에는 10.1%로 하락하였다. 노동조합의 조직률이 하락하였다 하여도 경제의 핵심을 형성하는 대부분의 300인 이상 대기업에서는 노동조합이 활발히 활동하고 있는 상황이어서 경제주체로서의 기능까지 위협받는 것으로 오해해서는 안 된다.

이 중 최근에 전국금속산업노동조합, 전국금융산업노동조합 등과 같이 기업별노조의 한계를 극복하기 위하여 기존의 기업별 노동조합을 초기업 단위노동조합으로 조직변경을 한 노동조합이 290여개 노조에 868천명으로 52.9%의 조합원이 소속하고 있다. 하지만, 형식상으로만 초기업 단위노조일 뿐 사실상 단체교섭, 고충처리 등과 주요한 노조활동은 기업별노조의 전통을 그대로 유지하고 있는 것이 현실이다. 2011.7.1부터 시행되는 사업(사업장) 단위의 복수노조 허용과 함께 노동조합은 사업(사업장)단위로 교섭창구를 단일화하도록 하고 있어 초기업단위의 노동조합도 무늬만 초기업일 뿐 사실상 기업별로 운영되고 있다.

노조조직률 및 조합원 추이

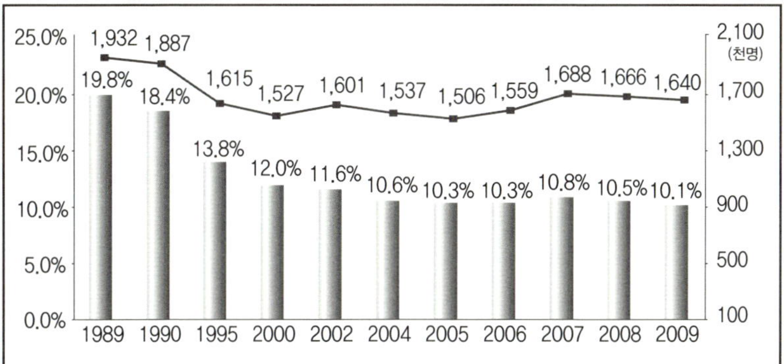

자료: 고용노동부 각 년도 노조조직현황

2. 대립적노사관계의 완화

우리나라의 노사분규는 1987년 민주화 과정에서 3,600여건이 발생하여 산업현장의 노사관계가 극심한 갈등시기를 거치면서 20여년의 기간 동안 점차 안정화되어 가는 추세를 보이고 있다. 특히, 1997년 외환위기 상황하에서는 노 · 사 · 정 경제주체들이 경제위기 극복을 위한 합의를 이끌어 내는 등 국가적 차원의 노사정 대화를 체계화하여 노사문제뿐만 아니라 사회 · 경제적인 사안까지 협의하여 세계에서 사례를 찾아보기 어려울 정도로 빠르게 경제 재도약의 기반을 마련하기도 하였다.

국제평가기관에서 아직도 우리나라의 노사관계 경쟁력을 매우 낮게 평가하고는 있으나, 내부 노사관계 상황은 긍정적으로 변화가 진행되고 있다. 2010년의 노사분규 상황을 분석하여 보면 노사분규 발생은 전년대비 28.9% 감소(2009년 121건, 2010

년 78건)하였으며, 근로손실일수도 전년대비 18.5% 감소(2009년 626,921일, 2010년 511,000일)하고 있다. 이를 상급 단체별로 살펴보면, 민주노총 소속 사업장의 노사분규가 76건으로 전체 노사분규의 88.4%, 한국노총 소속 사업장의 노사분규가 9건, 미가맹 1건을 차지하고 있다.

우리나라 노사관계는 이제 안정화 단계를 벗어나 초일류기업을 중심으로 협력적이고 생산적인 노사관계를 모색하고 있는 기류이다. 세계화의 무한경쟁시대에서 분배문제보다도 고용의 확대와 안정이 최우선 과제로 등장하고 있기 때문이다.

노사분규 현황

구분 \ 년도	1999	2000	2001	2002	2003	2004	2005	2006	2007	2008	2009
노동쟁의 조정신청	862	1,036	1,096	1,042	896	868	891	758	885	851	726
노사분규 발생건수	198	250	235	322	320	462	287	138 〈253〉	115 〈212〉	108 〈130〉	121 〈175〉
분규 참가자수	92	178	89	94	137	185	118	131	93	114	81
근로 손실일수	1,366	1,894	1,083	1,580	1,299	1,199	848	1,201	536	809	627
건당분규 지속일수	19.2	30.0	31.7	30.2	29.0	24.7	48.6	54.5	33.6	37.0	27.9
불법 분규건수 (비율)	95 (48.0)	67 (26.8)	55 (23.4)	66 (20.5)	29 (9.1)	58 (12.6)	17 (5.9)	24 (17.4) 〈24〉 《9.5》	17 (14.8) 〈17〉 《8.0》	17 (15.7) 〈32〉 《29.6》	11 (9.1) 〈11〉 《6.3》

자료 : 고용노동부, 고용노동백서, 2010

3. 대기업과 중소기업, 정규직과 비정규직간의 격차

외환위기를 전후하여 대기업은 외주, 하청 등으로 근로자를 최소화하는 구조조정의 적극추진으로 300인 이상을 고용하는 대기업에 종사하는 근로자는 외환위기 이전의 20% 내외에서 2000년대에는 10% 내외로 감소하고 있다. 최근 10년간 대기업에 종사하는 근로자는 49만명이 감소하였고, 중소기업에 근무하는 근로자는 346만명이 증가하였다.

이와 같은 현상의 문제점은 중소규모기업과 대기업간의 임금격차가 최근 10여년의 짧은 기간 동안 급격히 심화되고 있다는 사실이다. 이를 구체적으로 살펴보면 중소규모기업의 임금수준이 1985년까지만 하여도 대기업의 90~70% 수준을 유지하면서 50인 미만의 기업에 60% 내외의 근로자가 근무하였으나, 2000년대에는 60%이하로 임금격차가 급격히 심해지고, 중소규모업체에 근무하는 근로자는 증가하여 90%에 육박하고 있어 균형성장과 근로자의 삶의 질이 저하되고 있다는 사실이다. 이와 같은 노동시장 구조 하에서는 유능한 인력이 중소규모기업에 근무하면서 일자리 창출의 원천인 중소규모기업이 경쟁력을 확보하는 것은 어려울 것이다.

더욱 노동시장의 불균형 현상이 두드러지고 있는 분야는 비정규직의 증가가 가파르게 이루어지고 있는 현상이다. 최근에는 근로자 3명 중 1명이 비정규 근로자인 것으로 파악되고 있다. 비정규직의 임금이 정규직의 60%수준에 불과한 월 130만원 수준이라는 현실을 감안할 때 노동시장의 이중구조가 중 · 장기적으로 경제,

사회발전에 커다란 장애요소로 작용할 가능성을 배제 할 수 없다.

사업체 규모별 근로자 수

(단위:%)

구 분	한국		미국
	1993년	2003년	2003년
1~49인	60.6	69.3	35.0
50~299인	18.4	18.5	28.0
300인 이상	21.0	12.2	37.0

자료 : 전병유, 한국노동연구원, 2004

※ 미국의 경우는 50~249인, 250이상임.

임금격차 추이

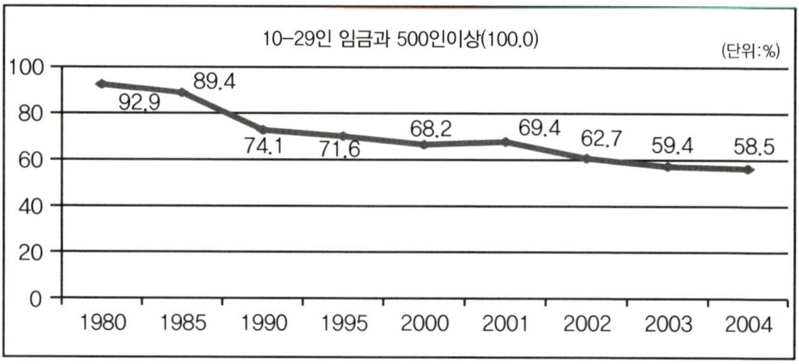

자료 : 노동부, 매월노동통계, 각 년도

4. 새로운 노사관계제도의 시행을 둘러싼 갈등

사업(사업장)단위에서 2011년 7월 1일부터 복수노조를 설립할 수 있도록 허용됨에 따라 초기업단위 노동조합은 물론 기업단위에서도 2개 이상의 노동조합을 자유롭게 설립할 수 있다.

사업(사업장)단위에서 복수노조를 허용하면서 사용자는 교섭창구의 단일화를 요구할 수 있다. 수개의 노동조합이 단체교섭을 요구하게 되면 노동조합에게 교섭대표노동조합을 선정하도록 요구할 수 있다. 다만, 교섭대표노동조합을 자율적으로 결정하는 기한내에 사용자가 교섭창구단일화 절차를 거치지 않기로 동의한 경우에는 예외로 한다. 교섭창구단일화의 기본단위는 사업 또는 사업장이며, 현격한 근로조건의 차이, 고용형태, 교섭관행 등이 상이한 경우에는 종합적으로 고려하여 노동위원회의 결정으로 동일한 사업(사업장)에서 교섭단위를 분리할 수도 있다.

복수노조가 사업 · 사업장에 허용되면 노사관계에 커다란 변동이 예상된다. 먼저, 양대 노총으로 활동하고 있는 한국노총과 민주노총이 서로 조직 확보와 강화를 위해 현장에서 조직경쟁을 할 것이다. 이와 같은 현장의 조직갈등은 단기적으로 노노갈등과 노사관계에 혼란을 초래할 것이나, 중 · 장기적으로는 우리나라의 근로자를 대변하는 경제적 노동운동이 주도권을 쥐게 되어 노사관계가 안정화되고 발전하게 되는 계기가 될 것이라는 예측이다. 하지만 복수노조시대의 갈등이 현실을 반영하지 못하고 구시대적인 이념적 노동운동으로 흐른다면 노동운동 자체가 국민경제는 물론 기업의 경쟁력을 약화시키게 될 것이다.

노조전임자에 대한 임금지급금지와 근로시간면제제도(time-off)의 시행도 대기업노사관계의 기업별노조 전통으로 탈법적인 운영과 단체교섭시마다 갈등의 불씨로 작용 할 것으로 예상 된다.

필수공익사업장에서의 단체행동시 필수유지업무의 한계도 항상 정당성의 유지를 둘러싸고 노사간에 다툼의 소지가 될 것으로 예상되고 있다.

복수노조허용 이후 신설 노조현황

(2011.7.1~7.31)

단체 \ 업종	계	택시	버스	제조	공공	도소매, 서비스	금융	기타
계	322	114	50	33	35	22	11	57
한국노총분화	120	57	22	13	8	6	2	12
민주노총분화	90	25	10	12	8	11	6	18
흔재노조분화	30	4	11	0	9	0	2	4
미가입노조분화	36	24	1	1	6	2	0	2
무노조신설	46	4	6	7	4	3	1	21

자료 : 고용노동부

5. 혁신적 노사문화의 형성

노사관계는 근로자 개인의 발전에 영향을 줄 뿐만 아니라 조직의 생산성과 효율성, 나아가 사회의 안정성에 직결되어 있다. 신경제하의 복수노조시대에서 경영자와 노조대표자는 노사관계를 통하여 조직구성원의 삶의 질을 향상시켜야 한다.

노사관계의 갈등이 예상되는 복수노조 상황에서 조직문화가 전근대적인 분배문제에 집중된다면 혁신적인 조직환경은 조성될 수 없을 것이다. 경영자와 노동조합의 대표자는 무한경쟁시대에서 조직의 발전을 모색하는 조직문화를 형성하도록 하여야 한다. 이와 같은 조직문화를 형성하기 위하여 경영자는 경영의 투명성과 인간 존중의 경영을 하여야 하고, 노동조합의 대표자는 근로자의 경제적 이익을 대변하는 합리적인 노동운동을 전개하여야 한다. 정부도 노동조합과 사용자가 혁신적인 조직문화를 형성하도록 행정서비스를 제공하여야 할 것이다.

우리나라는 OECD 국가 중에서 근로시간이 2,100시간을 상회하고 있으나, 소득수준은 최하위 수준으로 전반적으로 행복지수는 세계 68위에 해당 할 정도로 낮은 상태이다. 이제 근로시간은 줄이고 생산성은 향상되도록 조직 구성원의 직무몰입도와 직무능력의 향상이 이루어지는 노사관계체계의 형성이 필요한 상황이다.

근로시간에 관한 국제 비교

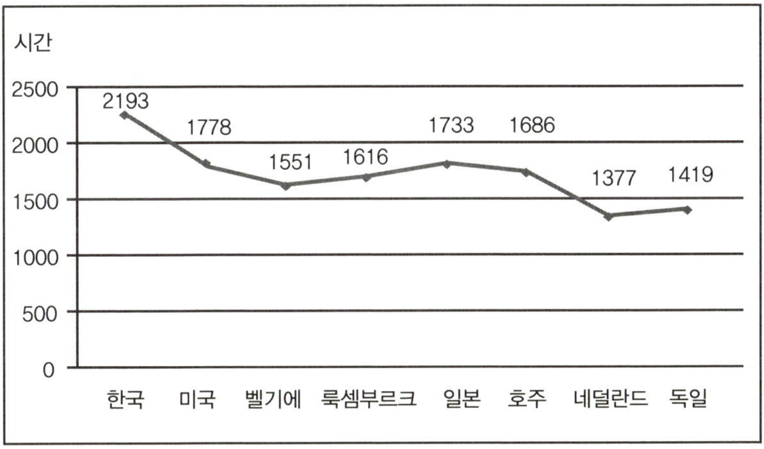

자료 : OECD, 2010년 통계

노동생산성에 관한 국제 비교

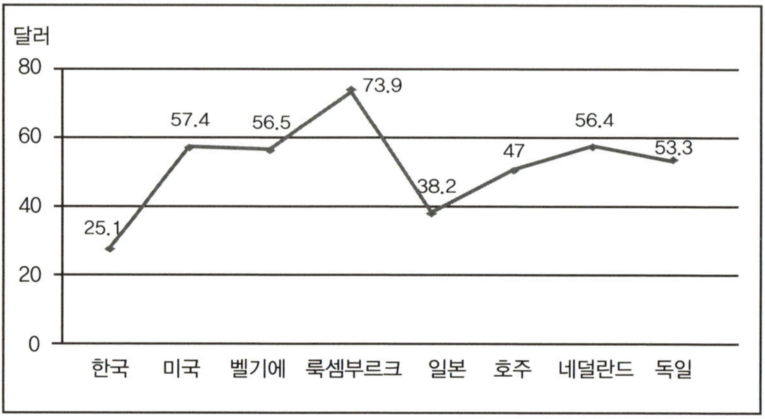

자료 : OECD, 2009년 통계

제2장 ●●●

기업경영자의 전략적 노사관계 리더십 모색

제1절
기업경영자와 전략적 리더십

1. 기업경영자의 범위와 역할

기업경영자는 기업이라는 조직의 목표 달성을 위하여 모든 구성원에게 영향을 미치는 경영방침을 결정하는 사람으로 일반적으로 최고, 중간, 현장경영자로 분류 할 수 있다. 이들은 조직목표의 달성을 위하여 기업의 인적 · 물적자원을 계획, 조직, 지휘, 조정, 통제하는 기능을 수행한다.

오늘날의 기업경영자는 경영환경의 변화 속에서 조직의 생존과 발전에 대한 책임과 의무를 가지고 있다. 최근 1997년의 외환위기, 2009년의 국제금융위기와 같은 외적 변화에 따라 내부적으로 효율성을 확보하지 않으면 경쟁력 자체가 위협받는 상황을 겪고 있다.

기업의 조직이 대규모화 할수록 관료화의 병폐와 현실에 안주하려는 조직의 생리를 극복하기 위하여 기업경영자는 상황관리와 위기대응능력을 꾸준히 축적하여야 한다. 사실상 경영혁신은 역사 이래 지속적으로 실행되어 오고 있다. 기원전 3000년경에 이집트에서는 피라미드를 건축하였고, 1800년대에는 유럽에서 산업혁명을 수행하였으며, 1910년대에는 미국 산업발전의 기반을 제시한 과학적 관리법이 모두 이와 같은 혁신의 과정을 통하여 이루어 진 것이다.

이에 따라 기업이 경영혁신을 이루기 위하여는 최고, 중간, 현장경영자의 체계적인 역할수행이 필요하다. 기업의 비전과 체계화는 최고경영자의 몫이고, 중간과 현장경영자는 근로자의 창의성과 직무몰입도를 향상시키는 주체가 되어야 한다. 경영자의 자질도 기능적 역할에 따라 상황에 맞게 조직화되어야 하는 것이다.

경영자의 자질 비중

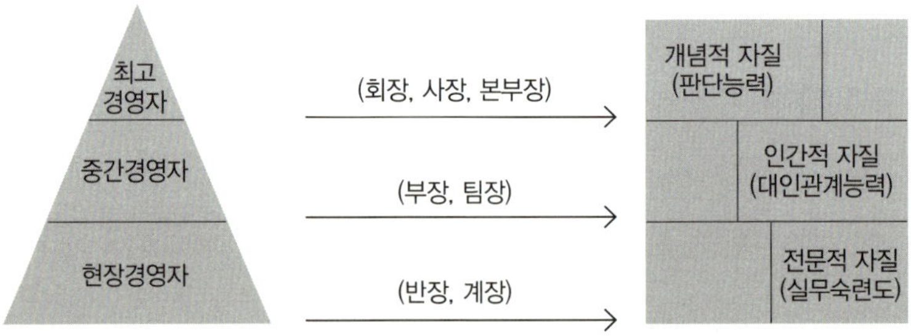

자료 : 임창희, 경영학원론, 학현사, 2011, p.105에서 필자가 수정인용

2. 전략적 리더십의 개념 : 혁신적 리더십과 거래적 리더십의 조화

리더십은 기업이라는 조직의 목표를 효과적으로 달성하기 위하여 조직원들과의 상호교류를 통하여 영향력을 행사하는 과정이다. 이와 같은 리더십에 관한 전통적 이론은 리더의 신체적, 성격적 특성을 강조하는 특성이론, 리더의 행동에 대한 구성원의 만족이나 성과를 강조하는 행동이론, 상황에 따라 리더가 발휘하는 행위나 특성의 적합성을 강조하는 상황이론으로 구분하였다.

하지만, 이와 같이 리더의 특성, 행동, 상황 적합성에 입각한 기존의 전통적인 거래적 리더십으로는 지식정보화와 무한경쟁의 불확실성시대에서는 한계가 발생하므로 경영자는 미래를 예측하고 환경의 변화에 따라 조직을 혁신시키는 리더십이 강조되고 있다. 경영혁신을 성공시키기 위한 리더십의 요건으로 존 코터(2003)는 위기의식의 고취, 변화선도팀의 구성, 비전의 정립, 의사소통, 권한이양, 신속한 변화의 실행, 변화의 조직 내 확산, 변화의 정착과 확산이라는 8가지를 제시하고 있다.

기업의 경영자는 필요하면 조직의 비전과 목표까지도 변화시켜야 하는 상황을 맞기도 한다. 때로는 경영전략에 커다란 변화를 주기도 하여야 한다. 물론, 환경이 안정적이고 조직문화도 건전한 경우에는 거래적 리더십만으로도 조직이 유지될 수 있을 것이다.

그러므로 거래적 리더십과 혁신적인 리더십은 상호 배타적인 것이라기보다는 기업과 조직의 상황에 따라 조화롭게 행사되어야 조직이 안정적인 토대위에서 역동적으로 유지, 발전될 수 있을 것이다. 이러한 측면에서 현대와 같은 혼돈의 경영환경에서는 거래적 리더십과 혁신적 리더십이 조화롭게 발휘되는 전략적 리더십이 필요한 것이다.

기업경영자의 경영변화와 혁신은 경쟁여건의 변화, 기술의 발전, 이해관계집단의 다양화, 노동시장의 변화 등에 대응하여 조직구조와 구성원의 행동을 점진적으로 개선하는 것이 아니라 획기적으로 변경시킬 필요가 있을 때 요구되는 것이다. 경영혁신에 대해서 기존조직과 구성원은 변화하지 않으려는 저항이 필수적으로 발생한다. 경영혁신의 지연, 왜곡, 실패를 가져오지 않기 위해서는 전략적인 혁신관리가 필요하게 된다.

지속적이고 성공적인 혁신관리는 구성원에게 충분한 정보를 제공하고, 혁신에 대한 비전을 공유하며, 지속적인 의사소통이 이루어 져야 한다. 기업경영자는 확고한 비전과 목표의식을 갖고 구성원에게 변화프로그램을 전파하고 동참하도록 교육, 훈련, 대화하는 조직체계를 갖추어야 한다.

혁신적 리더십과 거래적 리더십

혁신적 리더십	거래적 리더십
- 비전과 자긍심 제공 - 목표의 제시 - 합리적 문제해결능력 함양 - 구성원의 자율성 부여	- 성과에 대한 적정한 보상 - 규칙과 관습의 준수 - 단기적 전망과 과제 부여 - 구성원에게 해결 방안 제시

자료 : 경영학원론, 신유근, 2011, p.147

3. 노사관계에 있어 전략적 리더십의 추구

현대 산업사회에서 노사관계는 더 이상 노사정의 정태적인 관계가 아니라 동태적으로 환경변화에 대응하여야 하는 혁신의 주체로 등장하였다. 이제 자본과 경영은 분리되고 종속노동이라는 인식보다는 지식근로자로 변화하면서 노사관계는 분배의 구조이자 기업경영에서 주체적인 위치로 등장한 것이다.

이에 따라 기업경영자는 노사관계를 인적자원과 지식정보화시대의 변화를 주도하는 지식근로자의 관계로 인식하고 구성원과 비전을 공유하면서 목표를 체계화하고 이를 실행하기 위한 전략적 리더십을 추구하여야 한다.

기업은 노사정을 아우르는 중심에 서서 경영자를 중심으로 주주, 고객, 정부, 근로자 등의 이해관계자에게 공정하고 균형된 상태에서 행복감을 느낄 수 있도록 하여야 한다. 최근 기업의 사회적 책임과 함께 노동조합의 사회적 책임이 논의되고 있는 것도 이러한 맥락에서 이해하여야 할 것이다. 이제 국제화의 시대에서 이미 자본은 국경도 없이 이동하고 있다. 노동이라는 인적자원이 지식기반사회의 주체로 경쟁력의 여부를 결정하면서 자본은 종속변수가 되고 있다.

기업경영자는 구성원이 자신의 능력을 발휘하도록 비전을 제공하는 전략적 리더십을 발휘하여야 기업의 발전이 가능하게 된 것이다. 현재의 인적자원을 관리하는 측면뿐만 아니라 내외부환경의 변화에 대응하여 조직의 경쟁력을 강화하기 위한 변화(파괴와 창조)의 주체가 되어야 한다. 노사관계질서를 통하여 조직의 인적자원인 근로자들에게 동기를 부여하고, 의사소통이 원활하게 이루어져서 새로운 제품, 새로운 시장, 새로운 기술을 개척하여야 하는 것이다.

우리나라의 경우에 1995년 1만불의 시대를 열고 OECD에 가입한 이후 경제성장의 함정과 세계 경제환경의 변화 속에서 정치, 금융, 행정 분야의 리더들까지도 갈등과 안일의 병리현상이 발생하여 리더십 부재의 시대에 살고 있다. 세계화의 무한경쟁 속에서 기업은 근로자에게 꿈과 희망을 가지고 직무에 몰입하도록 하는 조직문화를 형성하지 않으면 생존의 돌파구 조차 찾기 어려운 상황이다.

전략적 리더(CEO)의 요건

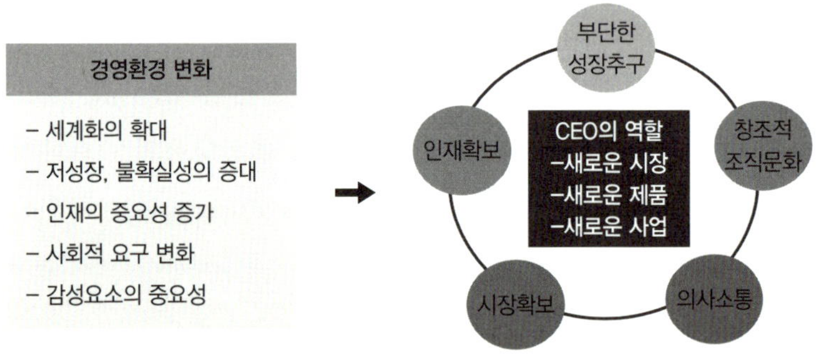

자료 : 마이클포터, 경쟁론, 세종연구원, 2011, 필자가 수정인용

제2절
전략적 노사관계리더십 내용

세계화와 무한경쟁시대에서 노사관계는 지식과 창의기반 노동을 형성하는 경영자의 리더십이 요구되고 있다. 이제 치열한 불확실성의 환경 속에서 노사는 생존을 위한 필사적인 노력이 필요한 것이다. 노사는 경쟁의 원리가 아니라 공동체의 원리에 입각하여 기업의 위험을 공동으로 관리하는 체계가 필연적으로 요구되고 있다. 새로운 경제체제하에서의 노사관계는 조직원들에게 성과에 상응하는 보상체계를 구축하여 조직구성원이 능동적으로 조직목표에 몰입하도록 사람중심의 리더십을 발휘하여야 한다. 복수노조가 허용되고 노조전임자의 임금에 상당하는 경비지원이 금지됨에 따라 대부분의 사업(사업장)에는 노사관계경쟁력을 약화시키는 갈등상황이 예상된다.

기업경영자는 조직구성원의 집합체인 노동조합의 조직과 운영, 단체교섭의 실행, 단체행동에의 대응, 노사간의 협조와 혁신의 실행과 같은 조직문화에 영향을 미치는 요인들에 대하여 계획, 지휘, 조정, 통제하는 역할을 올바르게 수행하여야 한다.

이제는 경영자가 노사관계를 전근대적인 산업관계 차원에서 고용종속관계로 인식하는 것이 아니라 경영의 주체로 인식하여 기업경쟁력을 강화하는 창조적 경영의 원동력이 되도록 하여야 한다. 기업은 이제 주주의 이익을 대변하는 목표뿐만이 아니라, 근로자의 행복과 자아실현, 소비자와 하청업체 등의 이해관계도 이윤추구만큼 중요한 기업목표가 되고 있는 것이다.

제너럴일렉트릭(GE)을 세계 초일류기업으로 육성한 잭 웰치 전 GE 회장의 리더십은 신경제체제하에서 모든 경영자가 갖추어야 할 덕목이다. 잭 웰치 회장은 GE가 위기상황을 맞이하였던 20여년 전에 경영자로서 명확한 비전을 제시하고 조직원들에게 성과에 상응하는 보상체계를 구축하여 조직구성원들이 창의력을 발휘하도록 하는 리더십을 발휘하여 현재와 같은 초일류기업으로 육성시켰다.

잭 웰치 회장은 조직구성원을 수동적인 생산요소로 인식하는 리더십에서 능동적으로 조직목표에 몰입하여 스스로 성장과 발전에 노력하도록 동기를 부여하는 전략적 리더십을 발휘하였다. 신경제체제하에서 복수노조시대를 맞이한 기업경영자는 조직의 생존과 발전이 조직 구성원의 근로조건 향상과 이해관계자에 대한 책임과 의무를 이행하는 핵심요소라는 인식하에 열린경영, 동기유발, 지식축적을 통하여 노사협력과 신뢰의 노사관계질서를 형성하여야 할 것이다.

노사관계의 혁신원칙

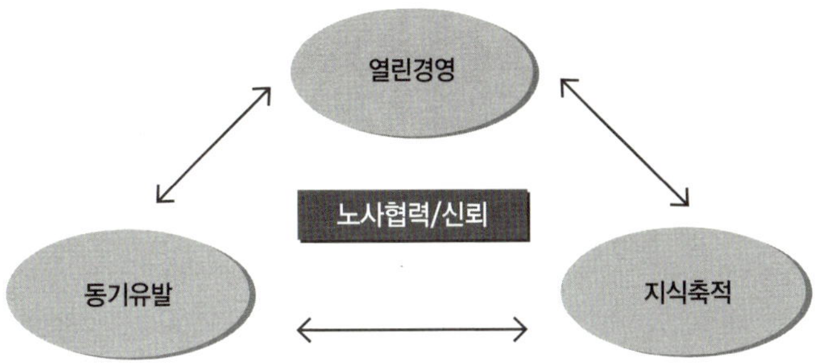

자료 : 김동원, 노사관계혁신의 4가지 요소, 고용노동연수원강의자료, 2010

1. 열린경영의 실천

노사관계는 경제, 사회, 국제 상황의 불확실성 속에서 생산적인 조직문화를 형성하여야 한다. 이러한 조직문화가 역동적이고 지속적으로 도전하여야 하는 변화의 시대에서의 생존전략이기 때문이다. 많은 기업이 현재는 표준이라고 생각하는 조직문화와 경쟁력으로는 한순간에 무한경쟁에서는 낙오자가 될 수 있다.

기업은 경영자, 근로자, 노동조합, 주주, 정부, 고객들에게 기업현황을 수시로 설명하여 변화에 도전하는 분위기를 지속적으로 유지하여야 한다. 이제 몇 사람이 밀실에서 정보를 독점하고 현실의 고요함에 안주하는 정체적인 기업문화로는 공룡이 한순간에 사라지듯이 기업은 소멸하고 말 것이다.

기업의 존재와 성장은 노사가 공동 노력으로 이루어 가야 하는 과제를 가지고 있는 것이다. 경영자는 수시로 노동조합의 간부와 대화하고 기업의 이해관계자에게 기술개발, 재정상태, 인적자원 현황에 관한 정보를 공개하고 설득하는 리더십을 발휘하여 조직의 구성원이 자신의 업무에 몰입하여 창의력을 최대한 발휘하도록 하는 능력은 21세기 기업경영자의 기본 자질이 되어야 한다.

이제 기업경영은 더 이상 대주주(owner)나 몇 명의 경영진의 몫이 아닌 것이다. 경영자는 기업환경 변화와 미래를 예측하여 혁신의 추진자로서 위기의식을 조직구성원에게 올바르게 조성하여 창의력을 일깨우도록 노사관계를 형성하여야 한다.

2. 참여의 노사관계 형성

노사관계가 조직혁신의 중심체가 되어 사람이 생산요소가 아닌 인적자원으로 작용하도록 인식하여야 한다. 기업경영자는 결코 초능력자가 아니므로 조직전체의 구성원이 변화하는 환경에 동참하여 창의성을 발휘할 수 있어야 기업의 생존과 성장도 가능한 것이다.

변화의 속도가 느린 경영환경에서는 경영자가 기존의 관행에서 안주하더라도 일정 시기마다 충격요법으로 조직을 운영할 수 있었으나, 현대의 불확실성의 시대에서는 경영자의 능력만으로는 경쟁력을 형성할 수 없게 되었다.

부단한 노사관계 혁신을 통하여 창조적 조직문화를 형성하여야 기업발전이 가능한 상황이므로 경영혁신이 조직문화로 착근되어 기업전체의 구성원이 공감하여야 한다. 노사관계는 지식정보화와 무한경쟁시대에서는 근로자들이 지속적인 혁신의 주체가 되도록 참여의 리더십을 발휘하여야 하는 것이다.

3. 노사관계 파트너십의 구축

새로운 경제체제에 대응하기 위해서는 노·사·정 각 경제주체 간의 신뢰를 바탕으로 공동이익과 가치를 창출해가는 협력적인 노사관계가 형성되어야 한다. 전국 수준에서는 물론이고 산업과 지역의 각 수준에서 노사정간의 협조체제를 구축하여 효율성과 형평성의 조화로운 발전에 기초한 노사의 파트너십 구축이 필요하다.

지식정보화의 진전과 세계화시대의 무한경쟁에서 기업의 경쟁력을 좌우하는 핵심요소는 지식자산(knowledge asset)이다. 산업화시대에는 물적 자본과 노동력의 투입을 증대시키는 투입중심의 성장이었다면, 신경제하에서는 개선, 창의, 혁신, 신기술과 같은 지식노동력의 축적과 활용을 통해 경쟁력을 확보하여야 한다. 경쟁력은 산업화시대에 지역과 국가 내의 경쟁이었지만, 세계화의 신경제체제하에서는 최고의 개인과 기업이 시장을 독점하는 체제로 개편이 진행되고 있다.

이에 따라 새로운 노사관계질서가 개인, 기업, 국가발전의 핵심이 되고 있으므로 노사관계의 미래는 ① 21세기 세계시장에서의 경쟁에 대비하여 기업이 세계 최고수준의 경쟁력을 확보하기 위한 인적자원을 육성하고, ② 사회·경제의 발전에 따라 더욱 강하게 요구되는 사회, 경제적 평등과 복지욕구에 부응하면서 노사간의 갈등을 최소화하여 소속 종업원의 삶의 질과 복지향상이 이루어져야 지속적인 성장도 가능하게 될 것이다.

특히, 복수노조시대에서의 노사관계의 혁신은 새로운 노사관계제도의 정착, 고능률의 인적자원 육성, 경쟁력의 강화를 의미한다. 노사관계의 핵심구조가 분배에서 고용안정과 부가가치의 창출 문제로 전환되고 있으므로, 교섭관행도 효율성 제고측면에서 그동안 사장되어 온 노사협의회를 활용하여 생산성 향상을 모색하고 근로자들의 고충을 처리하는 선 순환적 노사관계를 모색하여야 한다.

노동시장 내부에서는 생애직업훈련체계를 확립하여 지식정보화시대에 적응할 수 있도록 인적자원관리에 관한 인프라의 구축이 필요하다. 이와 같은 노사관계 체계에서 발생된 성과에 대해서는 공정하게 배분이 되도록 하는 보상체계를 형성하여 근로자 참여가 지속적으로 이루어지도록 체계화하는 경영자의 리더십이 필요한 것이다.

4. 노동시장의 효율성 확보

현대적 노사관계는 경제의 효율성과 경쟁력을 확보하기 위하여 노동시장의 유연화와 안정성이 동시에 요구되고 있다. 이 두가지 개념은 상호 배치되는 개념으로 이해될 수 있으나, 이는 선택의 문제가 아니라 동시에 추구되어야 할 과제이다. 적극적 노동시장 정책을 통하여 노동시장의 유연성이 낮은 대기업 정규직도 노동시장 인프라 구축을 통해 직장의 이동이 가능하도록 평생능력개발체계의 마련이 필요하다. 또한, 누구에게나 고용기회가 열린 고용평

등사회를 실현하기 위하여 여성취업 기회의 확대, 장애인 등 사회적 약자에 대한 고용기회 제공, 창의적 지식인을 양성하는 학습체계 형성이 필요하다.

한국 노동시장과 노사관계에 대한 국내외의 인식은 노동시장의 경직성이 현실보다도 과장되게 부정적으로 각인되어 있어 국제평가기관에서의 노사관계 경쟁력 평가가 세계 최하위를 기록하고 있다.

근로자의 90%정도가 근무하는 300명 미만 중소규모기업에 근무하는 근로자는 평균 5~6년의 근속기간을 나타내고 있다. 더욱 더 심각한 현상은 중소규모기업과 대기업간의 임금격차가 최근 10여년의 짧은 기간동안 급격히 심화되고 있는 현상이다. 중소규모기업의 임금수준이 1985년까지만 하여도 대기업의 80~70% 수준을 유지하면서 50인 미만의 기업에 60% 내외의 근로자가 근무하였으나, 2000년대에는 57% 내외로 임금격차가 급격히 심해지고 여기에 근무하는 근로자는 증가하여 70%에 육박하고 있어 균형성장과 근로자의 삶의 질이 저하되고 있다. 이와 같은 노동시장 구조는 유능한 인력이 중소규모기업에 근무하면서 경쟁력을 확보하기 어렵게 하는 요인이 되고 있다.

5. 기업경쟁력의 확보

노사관계의 혁신으로 기업의 경쟁력이 세계적인 초우량 기업으로 발전하여야 한다. 이제 세계 2위도 도태되는 진정한 무한경쟁시대가 다가오고 있다. 내부적인 균형과 분배의 기반 속에서 외부적으로는 역동적인 경쟁력을 확보하는 노사관계 확립이 과제가 되고 있다.

기업경쟁력의 강화를 통한 선진화와 개인의 삶의 질 향상(quality of working life)은 경제주체들의 혁신을 요구하고 있다. 혁신에는 기존 질서의 저항이 당연한 것이므로 혁신이 성공하기 위해서는 노사관계가 적극적인 동력으로 작용하여야 한다. 이와 같은 기업 혁신은 그동안 논의하여 온 고기술 다기능 인력양성 구조의 확립, 종업원의 적극적이고 능동적인 참여, 기업과 근로자 간의 동반자 관계가 기반을 이루어야 한다.

한국경제는 중국의 발전과 저개발국의 도전에 대응하면서, 미국 · 일본과 같은 선진국과의 경쟁에서 이겨 나가야 하는 과제를 안고 있다. 외환위기를 겪으면서 노사관계 혁신이 새로운 성장의 계기를 만들고 있으나, 잃어버린 10년이라는 이야기가 현재에도 반성의 계기를 제공하고 있다. 노동력에 기초한 저임금, 저부가가치 위주의 개발연대 전략으로는 더 이상 세계화시대에 대응할 수 없음은 이미 증명되었다. 따라서 근로자가 기업의 구성원으로서 더 이상 생산요소라기보다는 주도적으로 지식 · 정보를 제공하는 인적자원의 역할을 할 수 있도록 광범위한 생애직업훈련체계, 경영참가제도, 공정한 배분제도가 인적자원관리 차원에서 정착되도록 하여야 한다.

제3절
전략적 노사관계리더십 추진체계

1. 전략적 노사관계 관리체계의 구축

기업경영자는 변화하는 경영환경에서 인적자원을 효율적으로 관리하여야 하는 의사결정의 주체로 노사관계에 있어 노동조합을 상대하기 위한 참모조직이 필요하게 된다. 노동조합을 전담하는 부서는 노동조합의 조직과 운영, 단체교섭의 실시, 단체협약의 관리, 노동쟁의시 대응, 부당노동행위의 관리 등과 같은 노동조합활동의 전반에 관하여 대응전략을 구상하여 기업경영자를 보좌한다.

기업과 노동조합이 단체교섭의 과정을 통하여 체결한 단체협약은 취업규칙이나 개별적 근로계약에 우선하는 효력을 가지므로 근로자의 채용, 근로시간, 임금, 산업안전, 노사협의, 징계, 퇴직문제까지 전반적인 기업 조직문화의 기본체계를 조성, 관리하게 되는 것이다.

이와 같은 적극적인 역할에도 불구하고 기업의 현실은 아직도 노사관계부서가 주요한 의사결정과정에서 배제된 채 인적자원관리 차원의 경영지원 역할보다는 노동조합에의 대응, 단체교섭의 지원이라는 소극적인 역할에 한정되고 있는 것이 현실이다.

이와 함께 일상 업무인 생산, 품질관리, 회계, 마케팅 등의 업무 수행에 있어서는 중간관리자가 노사관계에 대한 현장의 책임과 권한을 행사한다. 현장에서의 혁신업무도 중간관리자가 주체가 되어 종업원들과 함께 이루어 나가게 된다. 중간관리자의 노사관계에 관한 기능이 원활히 수행될 수 있어야 기업의 조직문화도 강화되는 것이다.

기업경영자는 노사관계에 있어 경영방침의 결정, 노사관계 관리부서의 조정역할, 중간관리자의 집행권한 부여가 원활히 수행되도록 전사적 관리체계를 형성하는 것이 지식정보화시대에서 노사관계경쟁력을 강화하는 지름길이 되는 것이다.

2. 노사관계 관리부서의 역할정립

노사관계의 관리는 기업경영에 있어 인적자원 관리의 핵심을 이루는 업무임에도 불구하고 노사관계 담당부서의 위상이 노사분규 예방을 위한 노동조합의 동향이나 파악하고, 조합간부들과의 인간관계를 유지하는 역할에 그쳐서는 올바른 노사관계체계를 형성하기 어렵다. 노사관계 담당부서의 업무가 기업의 주변 업무로 인식되어서는 경영방침과 인적자원 관리체계가 유기적으로 연계될 수 없기 때문이다.

기업경영자의 경영방침은 결국 구성원에 의하여 실행되어야 하므로 노사관계담당부서는 경영방침에 관한 의사결정시 인적자원의 활용에 관한 중심역할을 수행하여야 한다. 기업의 현업부서와는 긴밀한 협조관계 속에서 기업의 혁신적인 조직문화가 형성, 유지되도록 하는 조정역할을 수행하는 권한과 책임이 부여되어야 한다.

노사관계부서에 근무하는 직원은 이와 같은 업무를 수행하기 위하여 노사관계에 관한 전문적인 지식을 가지고 기업경영자를 보좌하면서, 노동조합의 임원이나 대의원들과 긴밀하게 대화하고, 현장관리자들이 노사관계 질서를 올바르게 형성하여 나갈 수 있도록 지원하는 역할을 수행할 수 있어야 한다. 노사관계 질서가 결국 조직문화를 형성한다는 사실을 인식하고 조직구성원의 동기부여와 사기진작, 혁신의지를 이끌어 내는 인적자원 관리의 전문가가 되어야 하는 것이다.

3. 중간관리자의 노사관계관리권 확립

중간관리자는 기업에서 사실상 최고경영자와 현장의 직원을 연계하는 역할을 수행한다. 중간관리자는 소속 근로자의 업무지휘, 근무평정, 근태관리, 동기부여와 같은 노사관계 지휘권을 행사하기 때문이다. 중간관리자가 노동조합의 간부나 대의원의 영향을 받아 노사관계 관리권을 제대로 행사하지 못하게 되면 경영권의 확립은 사실상 불가능하게 되는 것이다.

기업경영자의 역할은 노사관계질서의 형성에 있어 중간관리자의 노사관계 지휘권이 확립되도록 지원하는 것이다. 중간관리자는 노사관계를 올바르게 이해하고 회사의 단체협약이나 규정을 숙지하여 기업의 비전과 목표를 전파하여 구성원들의 참여와 혁신동력을 이끌어 낼 수 있어야 한다.

노사관계가 원칙을 상실하고 임기응변식으로 운영되면 조직의 질서와 형평성이 상실되어 기업의 경쟁력은 기대하기 어렵게 된다. 노동조합이 파업을 하는 경우에도 중간관리자의 노사관계 관리권이 확립될 수 있도록 노사관계 부서에서 조정역할을 수행하는 체계를 형성하여야 한다.

제3장 ●●●
노사관계 전개과정에 따른 전략적 노사관계리더십

제1절 노동조합의 조직과 운영에 따른 노사관계리더십

1. 노동조합의 조직과 운영

노동조합은 자본주의 사회에서 임금근로자들이 자신들의 임금 및 근로조건을 개선하고 권익을 보호하기 위해 단결하여 결성한 자주적 단체로서 자본주의 발전과정과 더불어 생성되었다.

노동조합은 근로자들이 자주적으로 조직하여 조합원의 의사에 따라 민주적으로 운영되어야 한다. 노동조합의 조직과 운영에 사용자가 지배하거나 개입하는 경우에는 노사관계질서가 파행적으로 형성된다. 사용자가 의도적으로 지배, 개입하는 경우에는 부당노동행위 여부를 둘러싸고 갈등이 발생하게 되어 올바른 노사관계 질서가 형성되기 어렵게 된다.

노사관계는 노동조합의 조직단계에서부터 근로자의 단결권이 제대로 확보되도록 노동조합 조직과 운영의 기본원칙인 자주성과 민주성이 확보되도록 전략적인 접근이 필요하다.

(1) 노동조합의 조직

노동조합은 근로자가 주체가 되어 자주적으로 조직한 단체이어야 한다. 노동조합법상의 근로자는 '직업의 종류를 불문하고 임금 · 급료 기타 이에 준하는 수입에 의하여 생활하는 자' 를 의미한다. 또한, 근로자가 주체가 되어 조직하는 단체라 함은 '근로자로서 조직되고 제3자 특히 사용자로부터 독립성을 유지하는 단체' 라는 것을 의미한다. 한편, 자주적으로 조직하는 단체라 함은 대내적으로 근로자가 스스로의 의사에 의하여 조직하고, 대외적으로 그 운영에 있어 사용자는 물론 행정관청 · 정당 또는 교회 등으로부터 독립하여 운영할 것을 요건으로 한다.

노동조합은 이와 같은 조직상의 요건과 함께 '근로자의 근로조건의 유지 · 개선 등을 목적으로 하여야 한다. 이러한 목적을 달성하기 위하여 노조법은 노동조합이 사용자와 단체교섭, 단체협약의 체결, 쟁의행위 등을 할 수 있도록 하고 있다. 노동조합은 근로조건의 유지 · 개선이라는 경제적인 목적을 주목적으로 하면서 부차적으로 복지 · 공제 등 기타의 사업을 할 수 있다.

노조법 제2조 제4호의 단서조항에서는 노동조합의 결격요건으로 ① 사용자 또는 항상 그의 이익을 대표하여 행동하는 자의 참가를 허용하는 경우, ② 경비에 있어 주된 부분을 사용자의 원조를 받는 경우, ③ 공제 · 수양 기타 복리사업만을 목적으로 하는 경우, ④ 근로자가 아닌 자의 참가를 허용하는 경우 다만, 해고된 자가 노동위원회에 부당노동행위의 구제신청을 한 경우에는 중앙노동위원회의 재심판정이 있을 때까지는 근로자가 아닌 자로 해석해서는 안된다. ⑤ 주로 정치운동을 목적으로 하는 경우를 노동조합의 결격요건으로 규정하여 이에 해당하는 노동단체에 대해서는 노동조합이 아니라고 하고 있다.

노동조합이 노동조합법상 보호를 받기 위해서는 위와 같은 실질적 요건 이외에 노동조합법 제10조의 규정에 따라 관할 행정관청에 설립신고서를 제출하여야 한다. 이는 노동조합이 민주성과 자주성을 갖춘 조직으로 보호 · 육성하고 그 지도 · 감독을 위하여 노동정책적인 고려에서 마련된 것이다. 노동조합설립신고서에 하자가 없는 경우에는 행정관청은 3일 이내에 설립신고증을 교부하여야 한다. 하지만, 노동조합이 결격사유에 해당하거나 보완사유인 설립신고서 또는 규약의 기재사항 누락 등으로 보완기일이 경과된 경우에는 설립신고서를 반려한다.

노동조합이 적법하게 설립되면 노동조합이라는 명칭을 사용할 수 있으며, 노동쟁의의 조정신청 및 부당노동행위 구제신청을 할 수 있는 등 노조법상의 보호를 받을 수 있다.

(2) 노동조합의 운영

노동조합은 근로자들의 경제적 · 사회적 지위 향상을 위하여 결성된 자주적인 단체이므로 규약에 따라 민주적으로 운영되어야 한다. 다만, 노동조합의 규약이 법령에 위반하거나 공익을 해할 위험이 있는 경우에 한하여 행정관청(고용노동부장관 또는 특별시장, 광역시장, 도지사)은 시정명령 등의 적절한 조치를 취할 수 있다.

노동조합의 운영기관으로는 조합의 전체의사를 결정하는 의결기관인 총회와 대의원회가 있고, 의결된 사항에 대한 집행기관인 위원장 · 부위원장 · 사무국장 등의 임원이 있으며, 집행된 내용에 대하여 감사를 실시하는 회계감사가 있다.

노동조합은 자주적 단체이므로 조합원의 조합비로 운영하는 것이 원칙이다.

사용자는 노동조합의 요청에 따라 노조재정 확보의 편의를 위하여 조합원의 임금으로부터 조합비일괄공제(check-off system)를 하는 것이 일반적이다. 노동조합비의 사전공제는 근로기준법 제43조 제1항 단서의 규정에 따라 단체협약으로 정하고 있는 경우에는 가능하다.

노동조합은 자주적으로 운영되어야 함으로 노조법 제81조 제4호에서는 사용자가 노동조합의 운영비를 원조하는 행위는 부당노동행위로 금지하고 있으며, 노동조합이 경비의 주된 부분을 사용자로부터 원조받는 경우에는 노동조합의 결격사유로 규정(제2조 나목)하고 있다.

(3) 노동조합의 전임자와 근로시간면제제도

사용자가 일정 수의 노조전임자를 두는데 동의하였다면 사용자는 노사간 정한 기준과 절차에 따라 노동조합 전임자로 인사조치하는 것이 필요하며, 방법은 무급휴직과 같이 회사의 취업규칙 등 내부규정에 따르는 것이 바람직하다. 전임자는 근로제공의무가 면제된 상태이나 근로관계는 유지되고 있으므로, 사회보험과 같은 기본적 보호사항에 대해서는 정상적인 근로를 제공하는 일반근로자와 같은 권리 · 의무를 갖는다.

노조전임자는 그 전임기간동안 사용자로부터 어떠한 급여도 지급 받아서는 안된다(노조법 제24조 제2항). 이러한 전임자 급여지급 금지조항은 당초 1996년 제정된 노동조합법에 처음으로 규정된 후 몇 차례 유예되어 오다가 2010년 7월 1일부터 시행되었다. 전임자에게 급여를 지원하는 행위는 노동조합에 대한 경비원조에 해당되어 부당노동행위에 해당한다(노조법 제81조 제4호). 노동조합은 전임자 급여지급을 요구하고 이를 관철할 목적으로 쟁의행위를 할 수 없다(노조법 제24조 제5항).

노조전임자에게 지급이 금지되는 급여에는 임금에 해당하는 금품 외에 복리후생적 금품, 상여금, 연차휴가수당 등도 포함되며, 휴직자에게 지급되는 급여와 고용보험료 등 사용자측이 부담하는 보험료 등은 지급금지대상에 포함되지 않는다.

2010년 7월 1일자로 사용자에 의한 노조전임자 급여지급이 전면 금지되면서 그 대안으로 유급근로시간면제제도를 도입하여 시행하고 있다. '(유급)근로시간면제제도' 란 일정한 노동조합 활동시간을 임금손실 없이 근로시간으로 인정해주는 제도를 말하며, '(유급)근로시간면제자' 란 노조법에서 인정된 근로시간 면제대상 업무를 수행하기 위해 미리 지정된 조합원을 말한다.

노조법 제24조 제4항에서는 '단체협약으로 정하거나 사용자가 동의하는 경우에는 사업 또는 사업장별로 조합원 수 등을 고려하여 제24조의2의 규정에 따라 결정된 근로시간 면제한도를 초과하지 아니하는 범위에서 근로자는 임금의 손실 없이 사용자와의 협의 · 교섭, 고충처리, 산업안전활동 등 이 법 또는 다른 법률에서 정하는 업무와 건전한 노사관계 발전을 위한 노동조합의 유지 · 관리업무를 할 수 있다.' 라고 규정하고 있다.

그동안 다른 노동관계 법령에 근로시간면제 근거가 개별적으로 규정되어 있었으나 제대로 활용되지 않던 것을 노조법 개정을 통해 구체화한 것이다. 근로시간면제제도는 기본적으로 노사공동의 이해관계에 속하는 노동조합 활동에 한해 유급처리를 인정하는 제도로서, ILO(협약 제135호, 권고 제143호) 및 선진국에서 일반화되어 있는 제도이다.

(4) 사업(사업장)단위 복수노조의 허용

노조법상 1963년 이래 금지되어 왔던 사업 · 사업장 단위의 복수노조가 2011년 7월 1일부터 허용되었다. 그동안 노조법은 '노동조합이 기존 노동조합과 조직대상을 같이 하거나 그 노동조합의 정상적 운영을 방해하는 것을 목적으로 하는 경우'에는 노동조합의 결격사유로 규정하여 왔다. 이미 13년 전인 1997년에 노사 및 여·야간 합의로 동 조항이 폐지되었으나, 복수노조가 허용되는 경우에 발생될 지나친 노사관계의 혼란을 우려하여 사업(사업장)단위에서의 교섭창구 단일화와 함께 시행이 유보되어 왔다. 사업(사업장)단위에서 복수노조가 허용됨에 따라 노동계를 비롯한 ILO와 OECD 등 국제기구로부터 단결권 침해라고 개선을 요구받던 노동현안이 해소되고, 노동조합간의 경쟁을 바탕으로 노동조합의 민주성이 향상되는 계기가 되었다.

사업(사업장)단위에서 복수노조를 허용하면서 사용자는 교섭창구의 단일화를 요구할 수 있다. 즉 수개의 노동조합이 단체교섭을 요구하게 되면 노동조합에게 교섭대표노동조합을 정하도록 요구할 수 있다. 다만, 교섭대표노동조합을 자율적으로 결정하는 기한 내에 사용자가 교섭창구 단일화 절차를 거치지 않기로 동의한 경우에는 예외로 한다. 또한, 교섭창구단일화의 기본단위는 사업 또는 사업장이나, 현격한 근로조건의 차이, 고용형태, 교섭관행 등을 종합적으로 고려하여 노동위원회의 결정으로 동일한 사업(사업장)에서 교섭단위를 분리할 수도 있다.

복수노조가 사업·사업장에 허용됨에 따라 노사관계에 커다란 변동이 진행되고 있다. 양대 노총으로 활동하고 있는 한국노총과 민주노총이 서로 조직 확보와 강화를 위해 현장에서 조직경쟁을 하고 있고, 기존의 양대 노총체계에 불만을 가진 제 3노총이 태동하였다. 이와 같은 노동조합의 조직갈등은 단기적으로 노노갈등과 노사관계에 혼란을 초래할 것이나, 중 · 장기적으로는 우리나라의 근로자를 대변하는 경제적 노동운동이 주도권을 쥐게 되어 주요국가 노사관계와 같이 노사관계가 안정화되고 발전하게 되는 계기가 될 것이라는 예측이다. 하지만 복수노조시대의 갈등이 산업현실을 반영하지 못하고 구시대적인 이념적 운동으로 흐른다면 노동조합 자체가 국민적인 지지를 받기 어려울 것임으로 노 · 사 · 정이 올바른 역할을 할 수 있도록 대응하여야 할 것이다.

2. 노동조합의 조직과 운영에 대한 노사관계리더십

(1) 노동조합조직에 대한 올바른 인식

노동조합은 소속 근로자들이 근로조건의 유지, 개선을 목적으로 조직하는 것으로 기본적으로는 임금, 근로시간 등과 같은 근로조건의 확보를 위한 분배구조로서의 역할이 핵심이 된다. 현대 산업사회의 발전에 따라 기업이라는 조직이 확대되고 의사소통도 어려운 상황에서 개별 근로자는 유일한 생계수단인 노동을 제공하고 있음에도 불구하고 자신의 욕구에 대한 의사소통이 사실상 어려워지게 된다.

이에 따라 근로자들이 단체를 만들어 집단적으로 목소리(voice)를 낼 수 있도록 헌법상의 기본적 권리의 하나로 노동3권을 보장하고 있다. 근로자는 노동을 제공하는 주체이자 사람이라는 특성을 가진 요소이므로 노동조합이라는 조직을 통하여 형평성(equity)과 공정성(fairness)을 확보하여 자신의 노동에 대한 정당한 보상을 받고 갈등의 해결 및 동기부여가 되어 생산성을 향상시키는 것이다.

이와 같이 근로자의 노동조합 조직이 인정된 것은 사용자나 국가의 필요에 의한 것이 아니라 근로자들이 열악한 근로조건(예, 낮은 임금, 장시간 노동, 위험하고 유해한 근로환경 등)을 개선하기 위한 목적에 의하여 투쟁과정을 통하여 형성된 권리인 것이다. 현대와 같이 노사정의 경제주체가 제대로 역할을 수행하여야 기업, 근로자, 국가가 발전 할 수 있다는 이론이 이미 50년 전에 형성되었고, 이제는 불확실성의 경영환경과 지식정보화 사회에서 경제주체들의 전략적 선택이 경영의 성패를 가름한다는 이론이 일반화되면서 기업의 경영자는 노동조합이 근로자들의 욕구와 갈등을 해소하고 의사전달과 동기부여의 역할을 하도록 리더십을 발휘하여야 한다.

노동조합이 조직되거나 조직되려는 움직임에 대해 긍정적 역할이 발휘될 수 있도록 소속 근로자들의 집단적 의사를 대변하는 주체로 인정하고, 노동조합이 건전하게 역할을 수행하도록 인적자원경영의 차원에서 파트너(partner)로 인정하는 노사관계질서의 형성이 필요한 것이다.

참고사례 **도레이새한(주) : 노동조합을 파트너로 인정**

도레이새한(주)은 1999년에 삼성그룹계열의 제일합섬(주)을 일본의 도레이사가 인수한 것이다. 제일합섬은 삼성그룹의 경영방침에 따라 1972년 설립된 이후 무노조경영을 유지하여 왔으나, 도레이사가 인수한 후 2000년에 노동조합이 설립되었다.

도레이사가 인수한 이후 노조설립을 전후하여 갈등이 있었지만 도레이사의 경영자는 적극적으로 노동조합을 인정하고 노사관계를 원만히 형성하는 데 노력하였다. 도레이사가 노동조합의 대표기능을 인정함에 따라 노동조합도 투쟁보다는 외국투자기업의 현지 경영방침에 협조하는 선순환 구조가 이루어졌다. 외국투자기업의 속성상 노사관계가 불안하면 경영악화를 초래하여 고용불안, 투자 철수와 같은 상황이 발생하므로 기업의 현지화가 성공 할 수 있도록 협력하게 된 것이다.

노동조합이 설립된 이후 노사의 신뢰를 바탕으로 의사소통, 정보공유, 투명성 확보로 기업의 혁신분위기가 조성되어 영업이익도 크게 성장하였다. 영업이익은 노사간의 단체교섭을 통하여 공정한 보상체계를 만들어 종업원의 근로조건을 향상시키므로써 이직율과 산업재해율을 감소시키는 등 단기간에 안정된 노사관계조직문화를 형성하였다.

(2) 소속 근로자대표기능의 인정

노동조합의 조직 초기에는 노동조합의 간부들도 조직 운영에 미숙하여 외부지도에 의존하거나 불필요하게 경영진과 대립하려는 경향이 있다. 노동조합원들도 노동조합에 가입하고 활동하는 것을 기업의 경영방침에 반대하는 것으로 오해하여 자신들에게 불리한 처분을 할 수 있다는 인식 때문에 지나치게 예민하게 반응하게 된다. 이와 같은 노동조합원들의 불안감을 최소화시키면서 노동조합의 요구사항을 경청하고 회사의 경영방침을 설명하여 초기의 노사관계에서 불협화음이 발생하지 않도록 리더십을 발휘하는 전략이 필요하다.

현행 헌법과 노동관계법하에서 노동조합이 조직되면 스스로 해산하지 않는 한 계속적으로 노사관계가 형성될 수 밖에 없는 것이므로 노동조합의 간부나 핵심 조합원에게 영향을 미쳐서 회사에 종속시키려는 노력은 우선은 노사관계를 손쉽게 할 수도 있지만 오히려 노사관계를 왜곡시킬 수 있으므로 노동조합이 정상적으로 소속 근로자의 대표기능을 수행하도록 지원하고 성실히 대응하는 자세가 바람직하다.

노동조합의 조직 초기에는 조직질서가 불완전하므로 노사관계질서가 제대로 작동할 때(예, 단체교섭의 진행, 단체협약의 작성)까지는 정부감독관이나 공인노무사 또는 상급노사단체에 공정한 지도를 요청하고 이에 따라 대화를 진행하는 것도 좋은 방법이 될 것이다.

참고사례 **행남자기(주) : 노동조합조직에 대한 지원**

행남자기(주)의 경영자는 회사에 근로자의 조직인 노동조합이 있어야 한다면서 주변에 위치하고 있던 목포항만부두노동조합에 요청하여 행남자기근로자에게 노동조합 조직방법을 알려주도록 하였다. 대부분의 사용자가 노동조합의 조직을 경원시하여 노동조합의 조직을 주도한 근로자를 정당한 사유 없이 해고나 전보 등의 부당노동행위를 자행하여 노동조합이 조직되는 초기대응이 적절치 않아 노사관계가 악화되는 사례가 비일 비재한 현실에서 경영자가 노동조합의 조직을 지원 한 것은 예외적인 일일 것이다.

이와 같은 경영자의 적극적인 노사관으로 인하여 근로자들의 행남자기에 대한 애사심은 남다른 조직문화를 형성하였다. 행남자기 근로자의 평균근속년수가 16년에 이르고, 2~3대가 함께 회사의 직원으로 재직하고 있는 경우도 있다. 행남자기가 지난 2001년 경기도 여주로 공장을 이전하면서 목포공장의 직원 60여명을 정리해고 하여야 하는 상황에서 회사는 식품사업부를 만들어 맛김사업으로 고용을 유지한 것은 행남자기의 노사문화를 짐작 할 수 있는 사례이다.

기업경영자가 기업은 종업원, 소비자, 투자자, 채권자 등의 이해관계자들에게 만족을 주어야 하는 조직이라는 경영관을 가지고 자본주의 4.0시대에서 윤리경영으로 기업이 발전하고 유지될 수 있는 기반을 마련한 사례이다.

(3) 노동조합 활동범위와 한계의 정립

기업경영자가 가져야할 가장 기본적인 노사관계원칙은 소속 근로자의 조직인 노동조합의 기본권을 인정하되, 기업의 경영권과 상호조화를 이루어 나가는 것이다.

노동조합의 조직 초기에는 노사관계에 대한 질서가 형성되기 이전이므로 노동조합 활동의 범위와 한계에 대해 제대로 인식하지 못하고 무리한 요구나 활동을 전개하여 노사관계질서의 형성에 불필요한 시간과 비용을 낭비하는 경우가 대부분이다. 여기에 외부에서 기업의 노사관계질서 정립보다는 노사관계를 정치적으로 이용하려는 경우도 있으므로 노사관계에 관한 전문적인 조언을 받아 원칙에 따라 노사관계가 정립 되도록 하여야 한다.

기업경영자는 노동조합이 조직되는 경우에 노사관계에 관한 전문지식을 가지고 노사관계에 외부인력이 주도권을 행사하는 사례가 발생하지 않도록 하여야 한다. 노사관계를 제대로 인식하고 노동조합의 조직과 운영에 대응하는 노력이 필요하다. 이러한 노력보다는 노동조합을 경원시하여 노동조합간부를 회유하거나 핵심조합원을 회유하려는 시도는 노사관계질서의 형성에 오히려 부정적 영향을 끼치게 된다.

기본적으로 노동조합의 간부라 하여도 노동조합의 전임자로 인정받기 전까지는 업무를 정상적으로 수행하여야 한다. 노동조합이 기본활동에 필요한 집기 등도 원칙적으로 조합비로 충당하도록 하되 노동조합 활동의 초기인 점을 감안하여 일정 범위에서 기본활동에 필요한 시간과 경비를 지원하는 것은 부당노동행위에 해당되지 않으면서 장래 노사관계를 원만히 이끌어 가는 방안이 될 것이다.

가장 중요한 것은 노동조합이 조직되고 운영되는 범위가 조속히 단체교섭 과정을 거쳐서 단체협약의 내용으로 명확히 규정되는 것이다. 이때 기업경영자는 대부분의 관리감독자들도 노사관계에 문외한이라는 사실을 인식하고 현장에서 노동조합에 대응하는 전략을 교육과 훈련을 통하여 새로운 환경하의 조직문화 형성이 가능하도록 대응하여야 한다.

참고사례 **노동조합 활동의 원칙**

노동조합의 활동이 정당하다고 하기 위해서는 행위의 성질상 노동조합의 활동으로 볼 수 있거나 노동조합의 묵시적인 수권 혹은 승인을 받았다고 볼 수 있는 것으로서 근로조건의 유지개선과 근로자의 경제적 지위의 향상을 도모하기 위하여 필요하고 근로자들의 단결강화에 도움이 되는 행위이어야 하며, 취업규칙이나 단체협약에 별도의 허용규정이 있거나 관행, 사용자의 승낙이 있는 경우 외에는 취업시간 외에 행하여야 하고, 사업장 내의 노조활동에 있어서는 사용자의 시설관리권에 바탕을 둔 합리적인 규율이나 제약에 따라야 하며, 폭력과 파괴행위 등의 방법에 의하지 않는 것이어야 할 것이다(대법 1992.4.10, 91도3044).

근무시간내 노동조합 활동의 범위

노동조합의 활동시간을 원칙적으로 근로시간 외로 규정하고 노동조합이 회사구내의 전용게시판을 이용하려면 사전에 회사와 게시물의 내용 · 부착시기 · 방법 등을 협의하여 결정하도록 규정한 단체협약은 유효하다 할 것인 바, 위와 같은 단체협약을 체결한 사용자가 근로시간 내에 개최된 노동조합 임시

총회에 모든 조합원이 참가할 수 있도록 업무를 중단하지 아니한 채 근무근로자들을 계속 근무시킨 것이 노동조합의 활동을 방해한 것이라고 할 수 없고, 사용자와 노동조합 사이에 임금에 관한 단체협약이 이미 체결되었는데도 조합원인 근로자가 불만을 품고 이를 비난하는 내용의 유인물을 단체협약에 규정된 절차를 무시하고 노동조합의 의사에 반하여 임의로 게시한 행위에 대하여 취업규칙에 따라 정직 처분한 것은 그 근로자의 정당한 노조활동을 이유로 한 것이라고 할 수 없다(대법 1991.5.28, 90누6927).

(4) 전사적 노사관계관리체계의 확립

기업경영자는 노동조합이 조직, 운영되는 과정에서 최고경영자에서부터 현장 경영자인 관리감독자까지 인적자원 관리차원에서 노사관계질서가 형성해 나가도록 역할을 정립 할 필요가 있다.

기업경영자는 기업의 비전과 경영전략이 올바르게 시행되도록 노동조합과 대등한 관계에서 대화하고 교섭하면서 단체협약으로 상세한 근로조건을 결정하게 된다. 노동조합은 소속 근로자의 대표기관이고 헌법상 보장된 노동3권을 향유하는 주체이므로 노사정의 경제주체라는 인식하에 노동조합을 상대하는 자세가 필요하다.

노사관계를 전담하는 부서나 인력은 전문적인 지식을 가지고 노사관계질서의 형성에 관한 경영전략의 수립과 시행의 중심 역할을 하여야 한다. 노동조합의 동향이나 파악하고 노동조합간부와의 인간관계를 중심으로 노사관계에 대응하려는 자세는 지양되어야 한다.

현장의 관리감독자는 직접 근로자를 지휘, 통제할 권리와 의무가 있는 것이므로 노사관계 전문부서와 긴밀히 연계하여 기업의 경영방침이 효율적으로 이행될 수 있도록 기업의 노사관계에 대한 질서를 제대로 이해하고 이에 따른 리더십을 행사하여야 한다.

참고사례 **도요타(주) : 현장관리감독자의 관리능력배양**

일본의 도요타(주)는 창업자 "도요타 기치이로"의 경영방침에 따라 어떠한 경우에도 해고하지 않는 고용안정을 최우선 과제로 삼으면서, 실질적으로 노사관계질서를 형성해 나가는 중간경영자인 현장의 관리감독자의 종업원에 대한 관리능력배양에 노력하여 고충처리가 현장단위에서 적시에 해소될 수 있는 전사적인 노사관리체계를 형성하고 있다.

도요타(주)는 설립이후 70여년간 "인적자원"을 중심으로 하는 노사관계를 실천하고 있다. 특히, 1950년대 극심한 노사분규로 회사가 폐업의 위기상황을 겪기도 한 경험을 토대로 기업의 경쟁력은 노사관계에서 나온다는 철학을 현장단위부터 실천하고 있는 것이다.

노동조합도 극단적인 노사대립으로 인한 경영위기로 실직사태를 경험한 후 전일본자동차노동조합연맹에서 탈퇴하여 독립적으로 운영하면서, 일과성으로 진행되는 단체교섭보다는 노사협의회를 통하여 근로조건의 결정, 경영상황에 대한 논의, 갈등해소대책 등 전반적인 노사관계질서를 형성하는 구조로 운영하고 있다.

도요타의 노사는 이러한 체계가 현장에서 작동되어야 한다는 인식하에 공식조직 이외에도 비공식 모임을 활용하여 의사소통과 회사의 비전을 공유하고 있다. CEO의 현장경영을 통한 가치공유, 관리감독자의 관리능력 배양, 노사관계부서의 지원이 체계적으로 작동하고 있는 것이다.

(5) 복수노동조합에의 공정한 대응

사업(사업장)에서의 복수노동조합 설립이 허용됨에 따라 기업의 경영자는 소속 근로자가 설립한 다수의 노동조합과 노사관계를 형성하여야 하는 상황이 발생하였다. 이미 상급노동단체(총연합단체, 산별연합단체)에는 1997년에 복수노동조합의 설립이 허용되어 기존의 "한국노총"과 함께 "민주노총"이 합법화 되었고 각 산업별 또는 직종별로 조직된 연합단체도 복수로 조직되었다. 이와 함께 교원과 공무원의 노동조합 설립도 1998년과 2005년에 노동조합활동 허용과 동시에 복수로 노동조합을 설립할 수 있도록 하였다. 이제 13년 전인 1998년에 노동조합법 개정으로 허용되었으나 시행이 유보되어온 사업(사업장)에서의 복수노동조합의 설립허용이 시행됨에 따라 명실상부하게 개별 기업내의 복수노동조합시대가 개막된 것이다.

기업의 경영자 입장에서는 다수의 노동조합을 상대로 단체교섭을 하고, 종업원을 관리하는 체계를 형성하여야 하는 시대로 이행된 것이다. 소속 근로자들이 하나의 노동조합이라는 조직체로 조직화 되어도 무한경쟁시대에서 근로자의 효율성을 확보하기 어려운 상황에서 다수의 노동조합을 상대로 인적자원을 관리하여야 하는 상황이 된 것이다. 현재도 노사관계경쟁력이 세계에서 최하위 수준에 있는 상황에서 다수의 노동조합이 사업(사업장)에 설립되면 교섭창구의 단일화, 단체협약의 관리, 노사분규에의 대응 등 수 많은 노사관계의 장애요소가 발생할 수 있을 것이다.

하지만, 근로자 300인 이상의 기업(우리나라의 경우 약 2,500개 내외)에는 대부분 노동조합이 결성되어 있는 상황에서 일부 사업(사업장)의 왜곡된 노사관계문화는 복수노동조합의 허용에 따라 독점적 지위가 상실되어 정상적인 관계로 복원될 것으로 예상된다. 그동안 일부 노동운동가들이 독점하여 온 체계가 붕괴되고 민주적으로 운영되는 경쟁력 있는 노사관계체계의 형성이 가능하여 질 것이다.

기업경영자는 이와 같은 복수노동조합시대의 전개에 대응하여 공정한 인적자원관리 차원에서 사업(사업장)의 노사관계질서를 형성하는 계기로 활용하여야 한다. 다만, 사용자가 노동조합의 조직경쟁에 개입하여 자신의 뜻대로 노동조합의 조직과 운영에 개입하는 경우에는 부당노동행위 논란과 어용노동조합 시비를 발생시킬 수 있으므로 전체 근로자의 인적자원관리 차원에서 대응하는 전략적 차원의 노사관계리더십의 발휘가 필요하다. 특히, 지식정보화의 무한경쟁시대에서 노사관계 갈등이 2~3년만 지속되어도 기업의 경쟁력은 회복하기 어려운 상황이므로 복수노동조합이 조직되는 경우에는 공정하고 합리적인 인적자원관리가 이루어지도록 노사관계의 관리전략과 체계의 구축이 필요하다.

참고사례 **복수노조가 노무관리 도구로 전락**

경기도 하남시 소재 육가공업체인 M사의 판매, 배송직 사원 30여명은 근로조건을 바꾸겠다며 지난 7월 노동조합을 설립했다. 그런데 단체교섭창구 단일화 공고를 확정해야 하는 날짜가 다가오자 하루 전날 영업판매직원 60여명으로 구성된 또다른 노동조합이 조직 되었다.

회사가 만든 이른바 "어용노조"라는 의심이 들었다. 이어 조합원을 상대로 회사 관리자들의 면담이 시작되었다. 일부 조합원은 배송직에서 생산직으로 전환배치 되었고, 일부는 회사를 사직하기도 하였다. 노조간부는 "영업직이 노동조합을 만들었지만 이들은 노동조합을 조직할 필요나 의지도 없었다"며 "지금도 회사는 조합원들에게 노조 탈퇴를 강요하고 있다"고 하소연 하였다. 회사의 관계자는 이에 대해 "조합원을 탈퇴하도록 하는 등의 부당노동행위는 없었다"고 주장하였다.

(내일신문, 2011.10.5, 강경흠 기자)

제2절
단체교섭의 진행과 노사관계리더십

1. 단체교섭의 진행과 교섭창구의 단일화

(1) 단체교섭의 진행

단체교섭(collective bargaining)이란 노동조합과 사용자 또는 사용자 단체가 근로자의 임금 · 근로시간 · 근로조건 등에 관한 협약의 체결을 위해 대표자를 통해 집단적으로 타협을 모색하는 절차이다.

노사간의 단체교섭은 자연히 이해관계가 대립하는 노동조합과 사용자 사이의 힘의 관계를 배경으로 하는 거래(bargaining)와 협상(negotiation)으로 쟁의행위를 수반하기도 한다. 이러한 단체교섭 과정을 통하여 근로자의 근로조건이 통일적으로 형성되고, 욕구불만이 조정되며, 노사간의 공동체 의식이 조성되기도 하는 기능을 한다. 우리나라는 헌법상의 규정으로 근로자의 단체교섭권을 근로자의 기본권으로 보장하고 있다.

이에 따라 노동조합의 대표자는 노동조합과 또는 조합원을 위해 사용자나 사용자 단체와 교섭하고 단체협약을 체결할 권한을 가진다. 사용자 또는 사용자단체는 노동조합 대표자와의 단체교섭을 성실히 수행하고, 단체협약을 체결하여야 한다. 사용자가 정당한 사유 없이 단체교섭을 거부하거나 해태하는 행위는 부당노동행위로 금지하고 단체협약 중 '근로조건 기타 근로자의 대우에 관한 규정' 에 대해서는 규범적 효력을 인정한다(헌재 2003헌바28, 2004.8.26).

사용자는 노동조합의 단체교섭 편의를 위하여 근로시간 중에도 교섭을 할 수 있음을 명시적으로 규정하고 있다. 이에 따라 사용자는 근로시간 중에 적당한 시간을 단체교섭을 위한 준비 및 단체교섭시간으로 인정 할 수 있다. 노동조합의 단체교섭 행위는 폭력이나 파괴행위가 아닌 한 정당행위로 보아 민 · 형사상 면책됨을 규정하고 있다.

노동3권을 헌법으로 보장하고 있는 우리나라에서 단체교섭권의 인정범위는 사용자의 재산권 · 경영권과의 관계에서 살펴보아야 한다. 단체교섭의 범위는 시대적 상황과 산업사회의 민주화 진행정도에 따라 변화되어 오고 있어 단체교섭 사항의 범위를 규정하는 것은 쉬운 일이 아니다. 기본적으로 단체교섭사항이 되기 위해서는 ① 집단적 성격을 가져야 하며, ② 개별 근로자의 해고와 같은 개별적 문제는 단체교섭의 대상이 될 수 없고, ③ 사용자가 처리할 수 있는 사항이어야 한다. 사용자가 처리할 수 없는 정치관련 사항이나 법률의 개정과 같은 사항은 단체교섭 사항이 될 수 없다.

사용자나 사용자단체가 노동조합의 정당한 단체교섭 요구 또는 단체협약의 체결을 거부하거나 해태하는 경우에는 부당노동행위에 해당함으로 노동위원회에 부당노동행위 구제신청은 당연히 가능하고, 노동쟁의 방법을 선택하여도 이를 불법한 행위라고 볼 수 없다(대법 98누4006, 1991.5.14).

(2) 단체교섭창구 단일화와 단체교섭

2011년 7월 1일부터 시행되는 노동조합법에 의하면 하나의 사업 또는 사업장에서 조직형태에 관계없이 근로자가 설립하거나 가입한 노동조합이 2개 이상인 경우 노동조합은 교섭대표노동조합(2개 이상의 노동조합 조합원을 구성원으로 하는 교섭대표기구 포함)을 정하여 교섭을 요구해야 한다. 다만, 교섭대표노동조합을 자율적으로 결정하는 기한 내에 사용자가 교섭창구 단일화 절차를 거치지 않기로 동의한 경우에는 그러하지 않다(노조법 제29조의2).

사용자는 노동조합으로부터 교섭요구를 받은 때에는 그 요구를 받은 날부터 7일간 그 교섭을 요구한 노동조합의 명칭 등 고용노동부령으로 정하는 사항을 해당 사업 또는 사업장의 게시판 등에 공고하여 다른 노동조합과 근로자가 알 수 있도록 해야 한다(노조법 시행령 제14조의 3). 사용자에게 교섭을 요구한 노동조합이 있는 경우 그 교섭에 참가하려는 다른 노동조합은 공고기간 내에 노동조합의 명칭, 그 교섭을 요구한 날 현재의 조합원 수 등 고용노동부령으로 정하는 사항을 기재하여 서면으로 사용자에게 교섭을 요구해야 한다.

사용자는 교섭 요구 사실의 공고기간이 끝난 다음 날에 교섭을 요구한 노동조합을 확정하여 통지하고, 그 교섭을 요구한 노동조합의 명칭, 그 교섭을 요구한 날 현재의 조합원 수 등 고용노동부령으로 정하는 사항을 5일간 공고해야 한다.

교섭대표노동조합을 결정해야 하는 단위(교섭단위)는 하나의 사업 또는 사업장으로 한다(노조법 제29조의3 제1항). '교섭단위' 란 교섭대표노동조합을 결정하여야 하는 단위로서 하나의 사업 또는 사업장을 원칙으로 하고, 산별노조 · 직종별 노조(지부 · 분회) 등 조직형태에 관계없이 모든 노조를 단일화 대상에 포함한다. 다만, 교섭단위를 분리할 필요가 있는 경우 노동위원회 결정으로 교섭단위 분리를 인정하되, 현격한 근로조건의 차이, 고용형태, 교섭관행 등을 종합적으로 고려하여 교섭단위 분리 여부를 결정한다.

교섭대표노동조합과 사용자는 교섭창구 단일화 절차에 참여한 노동조합 또는 그 조합원 간에 합리적 이유 없이 차별을 해서는 안된다(노조법 제29조의4).

'공정대표의무' 란 교섭단위 내 관련된 노동조합과 조합원 이익을 합리적 이유없이 차별하지 말고 공정하게 대표할 의무를 말한다. 공정대표의무는 교섭과정에서 특히 중요하므로 교섭하기 전 또는 교섭과정에서 소수노조의 의견을 청취해야 한다.

복수노조가 시행됨에 따라 노동조합은 교섭창구를 단일화하여야 하므로 가능한 한 조직대상근로자의 과반수를 확보하거나 다른 노동조합과 연합하여 자주적으로 사용자와 단체교섭에 임하는 자세가 필요하다. 노동조합이 2개 이상 조직되어 있는 경우에는 사전에 조직간의 대화와 협조를 통하여 교섭(안)과 전략을 마련하여야 효율적인 교섭이 가능하게 된다.

노동조합이 사용자와의 단체교섭 창구단일화 과정에서 상호간에 갈등과 불신을 가지고 조직경쟁을 하게 되면 근로자들의 단결력뿐만 아니라 교섭력도 약화될 것이므로 노사관계에 부정적 영향을 끼치게 될 것이다.

복수노조하에서 사용자는 노동조합이 가능한 한 자주적으로 교섭창구단일화를 이루도록 지원하는 것이 건전한 노사관계를 형성하는 방안이 될 것이다. 복수노조가 허용되는 초기 4~5년간은 노동조합간에 주도권 경쟁으로 노사관계에도 갈등의 요소로 작용할 것이므로, 단체교섭전략 마련과정에서 노동조합에 대한 부당노동행위인 지배 · 개입이나 불이익취급, 정당한 이유 없이 단체교섭이나 단체협약의 체결을 거부 · 해태하지 않도록 유의하여야 할 것이다.

노사가 신뢰와 협력관계를 유지하기 위해서는 상호간에 노사관계의 기본을 이해하고 단체교섭 과정을 통하여 근로자의 불만을 해소하여 사기를 진작시키는 계기가 되도록 하여야 한다. 단체교섭이 신뢰 속에서 이루어지기 위해서는 노사간에 제시된 문제에 대해 성실하게 단체교섭을 진행하여 상호 이해할 수 있는 결과를 도출하는 것이 필요하다.

2. 단체교섭의 진행에 대한 노사관계리더십

(1) 단체교섭전략의 수립

기업경영자는 단체협약을 관리하면서 비효율적이었거나 노사관계질서의 형성에 걸림돌이 되었던 사항에 대하여 새로운 단체교섭시 반영 할 수 있도록 단체교섭 전략을 수립하여야 한다. 단체교섭은 노사관계 틀의 전반적인 사항에 대하여 새로이 교섭하는 것이므로 단체협약이 만료되기 3~6개월 전부터 노동조합이 요구 할 사항에 대한 대응방안과 함께 경영상 문제가 된 사항에 대하여 관철방안을 마련하여야 한다.

단체교섭이 노사간의 신뢰 속에서 원만하게 이루어지기 위하여는 단체협약의 유효기간 중에 문제가 된 사항에 대해 노동조합 집행부를 비롯한 소속 근로자와 수시로 대화하고 경영정보의 공유 과정을 통하여 공감대를 형성하는 과정관리가 중요하다. 이때에는 노사관계의 전반을 조율하는 노사관계부서의 보좌를 받아 현장 관리감독자의 의견을 듣고 조직 전반에 대한 검토를 하도록 하여야 한다.

단체교섭의 진행은 일반적으로 노사대표자가 전체교섭위원회의를 통하여 원칙적인 사항을 논의한 후 실무위원회를 구성하여 진행하게 된다. 이때에 경영자는 노사관계부서의 책임자로 하여금 실무교섭 진행상황을 상세히 보고토록하여 교섭전략에 따라 경영권의 핵심적인 사항이 침범되지 않으면서 교섭이 진행되고 있는 지를 확인하고 전략적으로 확보할 사항을 교섭에서 반영하여야 한다.

단체교섭에서 노사당사자의 대등성은 근로자의 근로조건에 관한 교섭을 원만히 진행시키기 위한 것으로 노동조합이 무리한 요구를 하는 경우에도 단체교섭의 속성상 발생하는 현상이므로 인내를 가지고 대화를 통하여 설득하고 객관적인 자료를 가지고 대응하는 자세가 필요하다. 단체교섭 과정을 통하여 인적자원관리 체계가 형성되므로 전반적인 기업경영의 차원에서 원만하게 단체협약이 체결될 수 있도록 하여야 한다.

참고사례 **노동조합과 정리해고 등에 대해 합의한다고 규정한 경우의 효력**

단체협약에서 "정리해고 사업장 조직 통 · 폐합에 따른 직원의 해고시 노조와 사전에 합의한다."라는 규정은 단체협약의 체결 경우와 당시의 상황, 단체협약의 전체적인 체계 및 내용 등에 비추어 보면, 정리해고 등 경영상 결단을 하기 위해서는 반드시 노조의 사전 동의를 요건으로 한다는 취지가 아니라 사전에 노조에게 해고의 기준 등에 관하여 필요한 의견을 제시할 기회를 주고 공사는 노조의 의견을 성실히 참고하게 함으로써 구조조정의 합리성과 공정성을 담보하고자 하는 협의의 취지로 해석함이 상당하다 할 것이다(대법 2002.2.26, 99도5308).

단체교섭의 범위

경영권과 노동3권이 서로 충돌하는 경우 이를 조화시키는 한계를 설정함에 있어서는 기업의 경제상의 창의와 투자의욕을 훼손시키지 않고 오히려 이를 증진시키며 기업의 경쟁력을 강화하는 방향으로 해결책을 찾아야 함을 유의하여야 한다. 왜냐하면 기업이 쇠퇴하고 투자가 줄어들면 근로의 기회가 감소되고 실업이 증가하게 되는 반면, 기업이 잘되고 새로운 투자가 일어나면 근로자의 지위도 향상되고 새로운 고용도 창출되어 결과적으로 기업과 근로자가 다함께 승자가 될수 있기 때문이다. 이러한 관점에서 오늘의 우리나라가 처하고 있는 경제현실과 노동쟁의 현장에서 드러나는 여러 가지 문제점 등을 참작하면, 구조조정이나 합병 등 기업의 경쟁력을 강화하기 위한 경영주체의 경영상 조치에 대하여 원칙적으로 노동쟁의의 대상이 될 수 없다고 해석하여 기업의 경쟁력 강화를 촉진시키는 것이 옳다(대법 2003.7.22, 2002도7225).

(2) 단체교섭의 성실한 진행

노동조합은 소속 근로자들의 임금, 근로시간 등 근로조건의 유지, 향상을 목적으로 조직된 단체이므로 단체교섭 과정을 통하여 단체협약을 체결하여 인적자원관리의 기본 틀을 형성한다. 기업경영의 최종책임과 의무를 지게 되는 기업경영자는 노동조합의 활동목적을 올바르게 인식하고 기업의 근로조건을 비롯한 노사관계가 근로자의 사기진작, 동기부여, 자아실현에 직접적인 영향을 미치는 핵심요소라는 측면에서 단체교섭을 진행하여야 한다.

이와 같이 정상적인 노사관계 속에서 단체교섭을 진행하기 위하여는 기업정보를 공유하면서 상호간의 신뢰가 형성되도록 하여야 한다. 단체교섭 과정을 통하여 단체협약이 작성되면 1~2년의 유효기간 동안에는 개정이 불가능하므로 노동조합이 무리하게 요구사항을 제시하는 경우에도 인내심을 가지고 소속 근로자의 조직분위기 혁신과 기업경쟁력을 강화시키는 방향으로 교섭이 타결되도록 성실하게 교섭에 임하여야 한다.

단체교섭을 실무적으로 담당하는 부서로 하여금 노동조합이 요구하는 사항의 진정한 내용을 파악하여 대응하는 전략이 필요하다. 현장 관리감독자들과의 교감을 통하여 현장의 목소리를 수렴하는 노력도 단체교섭이 타결된 이후 조직질서 차원에서 단체협약의 수용성을 높이는 방안이 될 것이다.

기업경영자가 노동조합과의 관계를 대립적 차원의 분배구조로 인식하여 대응하는 경우에는 현대와 같은 지식정보화의 무한경쟁시대에서 기업의 생존자체가 어렵게 된다. 노사가 기업이라는 울타리 내에서 단체교섭 과정을 통하여 경쟁력 강화방안을 찾아 가는 전략이 인적자원관리 차원에서 노사관계질서를 형성하는 방안이다.

참고사례 **샘표식품(주) : 경영상황 공개와 고용의 유지**

샘표식품은 60여년간의 회사 운영기간 동안 한 번도 노사분규가 없었던 회사이다. 노동조합은 1980년대 중반에 조직되었으나 1987년 산업현장의 민주화 열풍의 시절에도 노사분규는 없었다.

기업경영자가 회사의 경영상황을 단체교섭의 전후에 주기적으로 설명하고 같은 업종의 타 회사보다 좋은 근로조건을 제공하면서 어려운 경영위기에서도 고용을 유지하는 노력을 하였기 때문이다. 샘표식품은 임금뿐만 아니라 근로시간을 철저히 준수토록 하여 퇴근시간을 정확하게 지키도록 하였다.

노동조합도 경영자의 이와 같은 경영철학을 공유하고 상호이해의 바탕위에서 노사관계질서를 형성하기 위하여 노력하였다. 사먹는 간장에 익숙하지 않던 시절에도 근로자들이 간장을 들고 다니면서 판촉활동을 하였고, 공장의 화재로 경영위기에 처했을 때에도 직원들이 복구에 앞장서서 경영위기를 벗어 날 수 있었다. 간장파동때도 샘표간장은 깨끗하다고 마케팅에 앞장 선 것도 근로자들이었다.

샘표식품의 경영 역사상 아무리 어려운 시기에도 고용조정을 하지 않고 근로자를 가족으로 생각하는 기업경영자의 가치관에 따라 사람과 명예를 중시하는 조직문화가 형성되어 노사간의 신뢰관계가 경쟁력으로 작용한 것이다.

(3) 단체교섭의 투명성 확보

단체교섭 과정은 근로자나 노조간부들이 기업경영에 대해 이해하고 상호간에 공정하고 형평성 있는 노사관계를 이끌어 가는 중요한 절차이다. 기업경영은 불확실한 환경 속에서 경쟁의 파고를 헤쳐 나가야 하는 "생존경쟁의 장"이므로 기업경영자는 기업의 근로자들이 기업상황을 올바로 인식하고 지식근로자로서 자신의 역할을 충실히 수행하고 능동적으로 참여하도록 조직질서를 형성해 나가도록 하여야 한다.

단체교섭에서 노조집행부는 자신들의 역할을 부각시키기 위해 무리한 요구를 하는 경우도 있다. 노동조합은 정치적 성격을 가지고 운영되는 민주적 조직체이므로 이와 같은 노동조합의 생리를 이해하고 단체교섭을 진행하는 기업경영자의 경영관리 능력이 필요하다. 기업경영자가 기업의 발전과 종업원의 근로조건의 향상을 위하여 노력한다는 믿음을 가지도록 노동조합의 요구에 대하여 객관적이고 합리적으로 접근 할 필요가 있는 것이다.

단체교섭이 노사간에 신뢰를 바탕으로 진행되어야 노사갈등도 피하고, 노동조합이 기업발전에 동참하는 역할을 수행하여도 노조집행부가 조합원들로부터 어용성의 시비에 휘말리지 않는 리더십을 발휘 할 수 있게 된다. 노동조합의 집행부가 현장의 목소리를 반영하지 못하게 되면 무능하다거나 또는 어용이라는 비난을 받게 되어 리더십에 손상을 받게 된다.

단체교섭 과정이 원만히 진행되면 단체협약이 체결된 이후에도 노사관계가 올바르게 형성되므로 기업경영자는 세밀한 계획과 전략에 따라 교섭을 실시하여야 한다. 노사의 공동인식은 기업 내의 갈등과 스트레스를 해소시켜 올바른 노사관계를 형성하는 지름길이 되는 것이다.

참고사례 **정당한 단체교섭 거부사유**

노동조합의 대표자 또는 수임자가 단체교섭의 결과에 따라 사용자와 단체협약의 내용을 합의한 후 다시 협약안의 가부에 관하여 조합원 총회의 의결을 거친 후에만 단체협약을 체결할 것임을 명백히 하였다면, 노사쌍방간의 타협과 양보의 결과로 임금이나 그 밖의 근로조건 등에 대하여 합의를 도출하더라도 노동조합의 조합원 총회에서 그 단체협약 안을 받아들이기를 거부하여 단체교섭의 성과를 무로 돌릴 위험성이 있으므로, 사용자측으로서는 최종적인 결정권한이 없는 교섭대표자와의 교섭 내지 협상을 회피하거나 설령 교섭에 임한다 하더라도 성실한 자세로 최후의 양보안을 제출하는 것을 꺼리게 될 것이고, 그와 같은 사용자측의 단체교섭 회피 · 해태를 정당한 이유가 없는 것이라고 비난하기도 어렵다 할 것이므로, 사용자측의 단체교섭 회피가 같은 법 제81조 제3호가 정하는 부당노동행위에 해당한다고 보기도 어렵고, 그에 대항하여 단행된 쟁의행위는 그 목적에 있어서 정당한 쟁의행위라고 볼 수 없다(대법 1998.1.20, 97도588).

(4) 교섭창구단일화에의 공정성 유지

단체교섭창구의 단일화는 복수노조가 2011년 7월 1일부터 허용됨에 따라 노동조합간에 대표성 있는 노동조합을 선정하여 사용자와 단체교섭을 수행하도록 하는 것이다. 그러므로 단체교섭창구의 단일화는 노동조합 내부에서 자율적으로 이루어지는 것이 가장 바람직하다.

기업경영자는 교섭창구의 단일화는 노동조합 조직간에 이해관계가 첨예하게 대립되는 사항이므로 가능하면 갈등 없이 이루어질 수 있도록 공정성을 유지하여 단체교섭 진행과 단체협약의 관리에서 신뢰성을 확보하여야 한다. 최근 복수노조의 허용에 따라 아직은 단체교섭질서가 확립되지 않은 상태에서 사용자가 특정 노동조합을 경원시하여 사용자에게 손쉽다고 생각하는 노동조합과 단체협약을 맺은 후 단체협약의 유효기간인 1~2년간 새로운 노동조합의 실질적인 노동조합활동을 방해하는 결과를 초래하는 사례가 나타나고 있다. 이와 같은 근시안적인 노사관계관리는 결국 조직의 갈등을 발생시키고 조직질서 확립에 부정적 영향을 끼쳐 기업의 경쟁력을 약화시키는 결과를 초래한다.

노동관계법상의 빈틈을 이용하여 이와 같은 방법을 조언하는 참모는 인적자원관리라는 차원에서 조직원의 동기부여, 의사소통을 통한 창조적 조직문화의 형성이라는 기업의 궁극적인 노사관계질서의 형성을 방해하는 결과를 초래할 뿐이다.

일부에서는 노동조합과의 단체교섭을 경원시하여 노사협의회나 종업원협의회와 단체협약을 체결하는 사례도 발생하고 있어 근로자의 단결권을 무력화하고 산업현장의 갈등을 유발하면서 중장기적으로 회사에 커다란 비용을 발생시키는 결과를 초래하기도 한다. 그동안 사업(사업장)에서 복수노동조합의 조직을 금지하여 온 것은 산업사회 초기의 과도기적 현상이었다. 국제기준에 따라 근로자들이 자유롭게 노동조합을 조직할 수 있도록 허용하면서 조직구성원들의 다양한 목소리를 통합하여 교섭창구를 단일화하는 초기과정에서 사용자는 엄정한 중립을 지키고 자율적인 교섭창구단일화를 지원하는 적극적인 노사관계관리를 시행하여 노동조합의 운영에 공정한 입장을 취하는 자세가 필요하다.

참고사례 **삼성노조, 간부들로 구성된 "어용 노조" 주장**

삼성노동조합이 지난 2011.7.18 설립신고증을 받고 공식 활동에 들어갔지만, 복수노조 허용 전에 설립된 삼성에버랜드노동조합이 이미 회사측과 단체협약을 체결 한 것으로 밝혀 졌다. 관할 행정관청인 용인시에 따르면 삼성에버랜드 노동조합은 6월 23일 설립신고증을 교부 받고, 7월 15일에는 노사가 합의 한 단체협약 및 임금협약신고서를 시에 제출하였다고 하였다.

삼성에버랜드노동조합이 단체협약을 체결함에 따라 삼성노동조합은 단체협약의 효력이 유지되는 2년 동안은 회사에 단체교섭을 요구 할 수 없게 됐다. 이에 대해 삼성노동조합측은 에버랜드노동조합은 인사팀에서 노사관리를 담당한 임모 차장이 위원장이고 간부급 4명으로 구성된 "어용노조", "알박기노조"라며 반발하고 있다.

이와 관련하여 회사측 관계자는 "복수노조도입을 앞두고 회사를 생각하는 충정에서 노조를 설립 할 수 있는 것 아니냐"며 "에버랜드노동조합은 민주노총 등이 사업장에 들어 왔을 경우 빚어질 수 있는 혼란을 막기 위해 사원들이 자발적으로 설립한 노동조합으로 알고 있다."고 말했다.

(연합뉴스, 2011.7.20, 강창구 기자)

제3절
단체협약의 관리와 노사관계리더십

1. 단체협약의 관리와 노사관계질서

(1) 단체협약의 성격

단체협약(collective contract)은 노동조합과 사용자 또는 사용자단체 간의 단체교섭에서 합의를 도출함으로써 성립된다. 단체협약은 근로조건 기타 근로자의 대우에 관한 기준을 정하고 협약당사자 상호간에 채권·채무를 설정시킨다. 단체협약은 서면으로 작성하여 당사자 쌍방이 서명 또는 날인 하여야 한다. 이에 따라 구두상의 협약은 단체협약으로서의 효력이 없다.

단체협약의 당사자로 노동조합측은 노동조합의 대표자가 되고, 사용자측의 당사자는 노동조합의 상대방인 개별기업이나 사용자단체인 협회나 조합 등이 된다. 따라서 노동조합과 사용자 사이에 근로조건 기타 노사관계에 관한 합의가 노사협의회의 협의를 거쳐서 성립되었다하여도 단체협약의 실질적 · 형식적 요건을 갖추었다면, 이는 단체협약으로 보아야 한다(대법 2003다27429, 2005.3.11).

사용자 또는 사용자단체가 단체협약의 체결, 기타의 단체교섭을 정당한 이유없이 거부하거나 해태하는 행위를 한 경우에는 부당노동행위를 구성한다.

단체협약이 체결되면 그 협약의 유효기간 동안은 '평화의무'가 발생하며, 노사당사자는 단체협약을 이행하여야 하는 의무가 발생한다. 단체협약의 내용에 위배하는 취업규칙이나 근로계약의 내용은 효력이 상실되면서 단체협약의 내용이 노사관계질서를 형성하는 기본이 된다.

(2) 단체협약의 기능

단체협약은 노사당사자가 집단적 교섭의 결과를 문서로 체결한 협정이다. 근로자가 개별적으로 사용자와 체결하는 취업규칙이나 근로계약이 단체협약에 위반되는 경우에는 무효가 되므로 근로조건의 개선기능을 수행한다. 즉, 단체협약은 근로자 개개인이 사용자와 교섭해서는 얻을 수 없는 보다 좋은 근로조건을 확보하게 한다는 것이다.

노사당사자는 단체협약이 체결되면 그 유효기간 중 노사쌍방이 이를 존중하고 준수할 의무를 지게 됨으로 그 기간 중 불필요한 분쟁을 피하고 산업평화를 유지시키는 기능을 하게 된다. 즉, 단체협약으로 일정기간 근로조건 등을 설정해 놓으면 사용자는 이를 준수하고, 노동조합은 유효기간 동안 원칙적으로 단체교섭을 요구하지 못하는 평화기능을 수행한다.

단체협약은 사용자가 일방적으로 정하는 것이 아니라 노사간에 자주적이고 민주적인 교섭에 의하여 정해지므로 기업에 있어서 소유권의 전횡을 막고 기업의 민주화와 근로자의 동기유발 기능을 수행하게 되는 것이다.

(3) 단체협약의 내용과 효력

단체협약의 당사자는 노동조합과 사용자의 대표자가 된다. 그 내용은 근로자측의 당사자인 노동조합의 설립 목적에 따라 구성원인 근로자들의 근로조건 기타 대우에 관한 내용과 함께 노동조합의 유지 · 활동에 관한 내용이 있을 수 있다.

근로자들의 개별적 근로조건에 관한 사항은 노동조합법에서 단체협약의 강행적 · 직접적 효력, 즉 규범적 효력을 규정하고 있다. 단체협약상 노동조합의 유지 · 활동에 관한 사항은 성격상 채무적 효력을 갖는다.

단체협약 가운데 근로조건 기타 근로자의 대우에 관한 기준에 관하여 정한 사항을 규범적 부분이라 한다. 이는 단체협약의 핵심 부문으로 이 부분이 없는 협약은 단체협약이라고 할 수 없다.

단체협약의 규범적 효력의 내용은 ① 단체협약이 정한 기준에 위반하는 취업규칙 또는 근로계약의 부분은 이를 무효로 하는 '강행적 효력', ② 그 무효로 된 부분은 단체협약에 정한 기준에 의하도록 하는 '직접적 효력'으로 나누어진다. 이와 같은 규범적 효력이 미치는 부분은 임금 · 수당 · 근로시간 · 휴일 · 안전과 보건에 관한 사항 등과 같은 근로조건에 관한 부분이다.

단체협약의 내용 중에서 근로자의 근로조건 이외에 노동조합과 사용자간의 권리와 의무에 관하여 협약을 맺은 채무적 부분이 있다.

채무적 부분의 효력은 노동조합과 사용자간의 계약에 해당함으로 계약법상의 효력으로 고찰하게 된다. 즉, 채무적 부분을 불이행하는 경우에는 동시이행의 항변, 협약의 해지, 이행강제, 손해배상과 같은 계약법적 조치에 따라야 할 것이다. 이에 해당하는 내용에는 노동조합 활동조항, 노조전임자에 관한 사항, 각종 샵(shop)조항이 포함된다.

조직적 부분은 경영에 있어서의 제도 · 기관의 조직과 운영 등에 관한 사항을 말하며 제도적 부분이라고도 한다. 이는 주로 조합원인 근로자의 해고에 관한 협의 · 동의조항, 경영협의회와 고충처리기구 등의 조직과 운영에 관한 조항을 말한다. 원칙적으로 조직적 부분은 규범적 효력을 가진다. 그러므로 단체협약에 징계가 행하여 질 때에는 징계위원회의 의결이 있어야 한다는 규정이 있는 경우 징계위원회의 의결을 거치지 않은 징계처분은 당연히 무효가 된다.

해고동의조항에 위반한 해고는 원칙적으로 무효이나 노동조합이 권한을 남용하거나 포기하는 것으로 인정되는 경우에는 그 해고는 유효하다.

단체협약은 원칙적으로 근로자 측에서는 노동조합과 그 구성원인 근로자, 사용자측에 있어서는 그 당사자인 사용자 또는 사용자단체와 그 구성원에게만 효력이 있다. 조합원인 근로자가 노동조합에서 탈퇴하면 그날로부터 단체협약이 적용되지 않는다. 다만, 조합원이었던 당시에 단체협약의 적용을 받은 근로조건에 관한 부분은 규범적 효력에 따라 그대로 근로계약의 내용으로 존재하게 되지만, 이는 단체협약의 내용이 아닌 근로계약의 내용으로 효력이 유지되는 것이다.

2. 단체협약의 관리에 대한 노사관계리더십

(1) 단체협약의 성실한 준수

단체협약은 소속 근로자의 조직체인 노동조합과 단체교섭이라는 의사소통의 과정을 거쳐서 기업 내의 근로조건의 내용과 노사관계의 틀을 합의하고 약속한 것이다.

단체협약에 규정된 근로조건은 근로계약, 취업규칙에 우선하는 효력이 있다. 노동조합의 활동에 관한 사항은 경영권과 노동권의 범위를 규정하는 것이므로 노사관계체계를 형성하는 것이다.

단체협약이 체결되면 특별한 사정이 없는 한 평화의무가 발생하므로 유효기간이 만료되기 3개월 전까지는 새로운 단체교섭을 요구 할 수 없다. 노사간에 불만족한 사항이 있더라도 어렵게 타결한 단체협약을 성실하게 운용하여 조직의 질서가 혁신적으로 형성되도록 노력하여야 한다.

단체협약의 이행과정에서 해석에 다툼이 발생하거나 시행이 사실상 어려운 사항에 대하여는 노동조합과 상시적인 대화를 통하여 해결하는 유연한 자세가 필요하다. 기업의 상황이 변하여 시행이 어렵게 된 사항에 대하여는 노동조합의 양해를 받아 시행을 유보하는 자세가 필요하다.

이와 같은 노사간의 성실한 단체협약 이행노력의 과정에서 기업경영자의 의지가 노동조합원에게 전달되어 노사간의 신뢰관계가 형성되는 것이다.

참고사례 **유한 킴벌리(주) : 참여와 보상체계의 합리화**

유한 킴벌리(주)는 근로자들의 경영참여를 통하여 잠재적 능력을 발휘하도록 하고 업무 몰입도를 증진시켜 기업경쟁력을 강화하였다. 근로자의 참여를 이끌어 내기 위하여 교육수요에 맞는 직무교육을 실시하면서, 조직의 슬림화와 생산현장의 자율적 작업팀제를 도입하였다.

생산현장에서 4조 근무제를 시행하여 현장직원에 대한 고강도 교육훈련을 실시할 수 있는 여건을 마련하였다. 교육훈련은 현장에서 창의력과 품질향상을 위한 프로그램에 동참하도록 하였으며, 제품의 디자인과 품질이 고객의 수요에 맞는지를 자율적으로 현장에서 엔지니어와 협의하는 팀미팅을 실시하였다. 팀미팅은 필요에 따라 엔지니어, 팀장, 연구담당자, 마케팅담당자 등이 수시로 참여하여 이루어지도록 하였다.

이와 같은 품질관리를 위한 교육훈련과 현장의 적극적인 참여의 결과로 좋은 품질의 생활용품을 저가에 생산하는 기반을 만드는 품질경영으로 기업경쟁력을 강화하는 밑거름이 되었다. 근로자들에게는 연공중심의 인사관리방식에서 직무와 성과중심의 인사체계를 마련하여 성과에 상응하는 보상이 가능하도록 하였다. 조직도 슬림화 하면서 수평적 조직으로 전환하며 종업원의 참여를 강화 하였다.

(2) 경영권과 노동권의 조화

단체협약으로 근로조건과 노동조합의 활동범위가 규정되므로 단체협약의 이행과정을 통하여 경영권과 노동권이 조화롭게 행사되도록 노사는 노력하여야 한다. 단체협약이 체결되면 그 내용을 소속 근로자에게 공표하고 변경된 내용을 주지시켜 새로운 노사관계질서가 현장에까지 전파되어야 한다. 새로운 단체협약이 체결되었음에도 불구하고 그 내용조차 구성원이 모른다면 이를 기반으로 인적자원관리를 하게 되는 기업경영자의 경영권이 제대로 행사 될 수 없기 때문이다.

노사간의 단체교섭 과정에서 이미 충분히 경영권의 핵심적인 사항이 침해되지 않도록 단체협약이 체결되었다 하여도 이를 집행하는 현장 관리감독자가 역할을 제대로 수행하지 못하게 되면 경영질서는 확립 될 수 없을 것이다. 기업경영자를 비롯한 사용자들은 소속 근로자의 노동권이 존중되어 의사소통, 동기부여, 기업혁신에의 참여가 적극적으로 이루어지는 경영질서가 기업의 노사관계 경쟁력으로 작용하도록 하여야 한다.

이제 우리나라에서 노동조합이 조직된 대부분의 기업은 근로조건이 상당한 정도 충족된 상태이므로 자아실현이나 산업안전과 같은 문제를 해결하여 주는 통로로 활용하여 스트레스 없이 자신의 능력을 제대로 발휘하는 지식근로자로 변화하도록 조직문화를 형성하는 노력이 기업경영자의 몫이 되고 있다.

참고사례 **LG전자(주) : 열린경영의 실시**

LG전자는 1958년에 설립한 이후 가전제품을 중심으로 성장하여 온 세계 초일류기업중의 하나이다. LG전자에는 열린경영과 정도경영이라는 경영철학이 조직문화로 형성되었기 때문이다.

LG전자의 노사관계는 1987년 이전까지 관리적 노사관계가 회사의 기본원칙이었다. 기업의 임원, 사무직, 현장직이 별도로 식당, 통근차, 제복을 사용하는 차별적 관행이 타사업장과 같이 일반화되어 있었다.

이러한 분위기는 1987년의 민주화와 함께 1989년까지 극한적 노사대립시기로 이어졌다. 1989년에는 노사분규가 장기화되어 36일간의 분규가 결국에는 공권력이 투입되어 주동자 17명이 구속되는 상황에서 매출손실이 6000억이 넘는 경영위기를 겪게 되었다.

이와 같은 경영위기를 타개하기 위하여 노사 모두는 경쟁력 강화를 위한 노사관계질서의 확립방안을 모색하게 되었다. 기업경영자는 LG전자의 경영철학인 열린경영과 정도경영을 실천하기 위해 생산직 근로자를 포용하고 노동조합을 회사경영의 파트너로 인식하게 되었다. 노동조합과 현장근로자들의 경영참여를 제도화하는 신인사제도를 도입하였으며, 진급전형위원회에 노동조합의 참여를 허용하였다. 노동조합도 경영혁신에 동참하면서 전국순회무상수리, 노경자율경영지원팀의 운영, 품질일등담당제등에 동참하였다.

LG전자 노사는 공정한 조직문화를 형성하기 위하여 경상이익을 3등분하고 3분의 1은 주주, 3분의 1은 사내유보, 3분의 1은 종업원의 몫으로 분배하기로 하면서, 2002년에는 고용불안을 해소하기 위한 고용안정협약을 체결하기도 하였다. LG전자는 이와 같은 상호협력의 노사문화로 경쟁력을 제고하고 직원의 삶의 질을 향상시키는 선순환구조를 형성하고 있다.

(3) 공정성과 형평성의 확보

복수노조시대에서 노사관계의 공정성과 형평성은 기업경영자가 기업을 경영하는데 있어 소속 근로자를 전사적 차원에서 인적자원이라는 인식하에 효율성을 확보하는 기본이 된다. 다수의 노동조합이 있는 경우에 대표노동조합이 되지 못한 노동조합은 다음번 단체교섭에서 우위를 차지하기 위해 노동조합 상호간에 경쟁하게 될 것이므로 노동조합 조직에 대해 공정성을 유지하여야 기업의 효율성도 유지 할 수 있을 것이다.

단체협약의 적용에 있어 대표노동조합에게 유리하게 한다거나 소수노동조합을 경시하는 경우에는 부당노동행위의 논란도 발생할 뿐만 아니라 기업의 단합을 기하기 어렵게 되고 기업경영자의 리더십도 발휘하기가 어렵게 된다. 개별 근로자에 대한 단체협약의 적용에 있어서도 개인의 실적과 경력에 따른 공정한 대우와 형평성 있는 노사관계관리는 조직운영에 있어 핵심과제이다.

기업경영자의 기본적인 목적은 기업의 발전과 이를 통한 소속 근로자의 근로조건을 개선하고 일하기 좋은 기업을 만들어 창조적 조직으로 기업을 경영하는 것이다. 소속 근로자가 자신의 노력에 따른 공정한 보상을 받는 조직문화가 형성되면 보람을 가지고 기업발전과 혁신에 헌신하게 될 것이다. 따라서 경영자의 공정하고 형평성 있는 노사관계질서의 형성이 단체협약의 이행과정에서 이루어지도록 하여야 한다.

참고사례 **유한양행(주) : 공정한 인적자원관리**

유한양행(주)은 기업의 이윤추구와 함께 종업원과 공동체라는 가치를 기업이념으로 하여 왔다. 1962년에 설립된 이후 인간존중의 경영철학과 종업원에 대한 근로조건이 우수한 기업으로 운영되어 왔다.

노동조합은 1987년 산업민주화 과정에서 설립되었다. 노동조합 설립 초기에 집행부의 독단적이고 무리한 활동으로 조합원들이 탈퇴하여 거의 휴면노조 상태로 유지되어 왔다. 하지만, 1994년에 새로운 집행부가 들어서서 조직적으로 임금인상을 요구하면서 노사갈등을 겪기도 하였다. 기업경영자가 적극적으로 회사의 경영상황을 설명하고 적정한 선에서 임금을 인상하면서 다시 노사협력 분위기가 형성되었다. 1997년의 외환위기 상황에서도 회사는 어려운 경영환경 하에서 시장점유율이 하락하여 유휴인력이 발생하는 상황을 맞이하였으나, 노사가 공동으로 경영혁신전략을 마련하여 정리해고 없이 위기를 넘길 수 있었다.

이와 같은 노사의 노력으로 회사가 종업원의 삶의 질과 고용안정에 최대한 노력한다는 신뢰를 심어주게 되어 노사관계는 안정적이고 혁신적인 분위기를 이어 가고 있다. 노동조합 내부에서도 경영혁신에의 적극적인 참여가 종업원의 근로조건 향상에 기여 하였다는 공감대를 형성하여 초일류기업으로 성장하는 기반이 되었다.

(4) 권리분쟁과 고충처리체계의 합리화

단체협약의 유효기간 중에 공정성과 형평성을 가지고 단체협약을 이행한다 하여도 불만은 발생하게 된다. 또한, 단체협약상 모호한 규정의 해석을 둘러싸고 자신에게 유리하게 해석하고 고충을 제기하는 것이 일반적인 현상이다. 이와 같은 불만의 해결과정에 편견이 개입하여 공정성을 상실하게 되는 경우에는 기업 내부에 갈등과 불만의 원인이 된다.

현대 산업사회는 무한경쟁의 소용돌이 속에서 근로자들도 경쟁하여야 발전이 가능하고 장래에 대한 희망을 가질 수 있게 되었으므로 직장생활에서 항상 스트레스에 노출되어 있는 상황이다. 기업경영자는 소속 근로자의 고충을 공정하게 처리하여 자신감을 가지고 근무 할 수 있는 분위기를 형성하여야 한다.

단체협약의 이행과정에서 권리분쟁이 사건화 되어 노동위원회나 법원에서 처리되는 상황이 발생하지 않도록 세심한 관리가 필요하다. 노동조합간부와 현장근로자와의 대화를 상시화 하여 조직적으로 발생하는 불만사항을 즉시 해결하는 노사관계 대응노력이 필요한 것이다.

참고사례 **인사권과 사전합의조항의 효력**

사용자가 인사처분을 함에 있어 노동조합의 사전 동의나 승낙을 얻어야 한다거나 노동조합과 인사처분에 관한 논의를 하여 의견의 합치를 보아 인사처분을 하도록 단체협약 등에 규정 된 경우에는 그 절차를 거치지 않은 인사처분은 원칙적으로 무효라고 보아야 할 것이나, 이는 사용자의 노동조합 간부에 대한 부당한 징계권 행사를 제한하자는 것이지 사용자의 본질적 권한에 속하는 인사권 내지 징계권의 행사 그 자체를 부정할 수는 없는 것임으로 노동조합의 간부에게 징계사유가 있음이 발견 된 경우에 어떠한 경우를 불문하고 노동조합 측의 적극적인 찬성이 있어야 그 징계권을 행사할 수 있다는 취지로 이해할 수 없는 일이다(대법 2003.6.10, 2001두3136).

(5) 노사협의회의 보완기능 활용

단체협약이 체결되면 노사협력이나 생산성 향상과 같은 사항은 노사협의회를 통하여 협의하게 된다. 단체교섭에서는 근로조건과 노동조합의 활동범위에 관한 사항을 논의하여 노사관계에 관한 기본체계를 단체협약으로 체결하게 되므로 노사협의회를 활용하여 노사간의 대화창구로 활용 할 필요가 있다.

기업경영자는 단체협약으로 규정되지 않았거나 단체협약의 이행과정에서 논의 할 필요가 있는 경우에는 노사협의회가 3개월에 1회 이상 개최되므로 노사협의회를 단체협약의 보완기능을 수행하도록 운영하는 것이 바람직하다. 노사협의회는 노동관계법에서 운영이 강제화 되어 있는 제도이므로 형식적으로 운영하기 보다는 적극적으로 단체교섭을 보완하는 기능을 수행하도록 하는 노력이 필요하다.

현대 산업사회에서 노사간에 이해가 대립되는 사항은 단체교섭 과정을 통하여 단체협약으로 체결하되, 노사간에 협력이 필요하거나 경영정보의 공개와 같이 이해가 일치되는 사항에 대하여는 노사협의회를 활용하여 활력이 살아있는 조직으로 기업을 경영하는 것이다.

노사협의회는 이제 노사정 3자가 주체가 되어 기업을 이끌어 가는 구조 하에서는 소속 근로자를 지식근로자로 육성하고 자아실현이 가능하도록 인간성을 존중하면서 산업사회의 스트레스를 해소하는 방안으로 단체협약을 보완하여 노동조합이 기업경영에 순기능을 발휘하도록 거시적 차원에서 인적자원관리의 전략적 수단으로 활용되고 있다.

참고사례 **포스코 : 노사협의회의 활용**

포스코(포항제철)는 자금, 기술, 인적자원이 없는 상황에서 설립하여 세계적인 철강기업으로 성장하였다. 그야말로 무(無)에서 유(有)를 창조한 역사를 가진 기업이다. 공장 입구에 붙어 있는 "자원은 유한, 창의는 무한"이라는 구호가 POSCO의 사람중심의 경영철학을 대변하고 있다.

포스코의 노사관계는 노사협의회(회사에서는 "노경협의회"로 호칭)를 중심으로 이루어지고 있다. 한때 노동조합이 설립되기도 하였으나 현재는 거의 휴면 노동조합으로 18명의 조합원이 가입하고 있는 실정이다. 앞으로 복수노조시대에서 노동조합의 활동이 예상되나 포스코의 조직질서 하에서 이루어 질 것으로 예상된다.

포스코는 철저하게 사람중심의 경영을 시행해 오고 있다. 포스코가 설립될 당시에도 제철공장을 지을 자금조차 확보하지 못한 상태에서 사원아파트부터 최고급으로 지은 사례는 유명하다. 이러한 경영자의 확고한 경영철학을 기반으로 종업원의 교육과 훈련에 획기적으로 투자하였다. 삼성도 포스코의 교육훈련체계를 벤치마킹 할 정도로 체계적으로 실시한 것이다.

포스코의 경영자는 자신이 솔선수범하면서 직원들에게 철강산업이 우리나라 산업화의 기초라는 사명감을 강조하였다. 외국에서도 포스코보다도 기업경영자의 열정이 부럽다는 평가를 할 정도였다. 이러한 경영철학 하에 직원의 어려운 상황을 세세히 처리하여 한번 포스코와 인연을 맺은 사람은 영원한 제철인으로 성장시켰다. 경영자 자신은 POSCO의 주식을 한 주도 가지지 않았고 자신의 얼마되지 않는 재산까지 사회에 환원하는 윤리경영을 정착시켰다. 포스코에 부실, 부정, 부패의 정서는 국가에 치명적인 손해를 끼친다는 사실을 항상 강조 하였다. POSCO를 건설할 때 부실공사가 발견되자 다이너마이트로 폭파시킨 사례도 있다.

이러한 기업경영자의 노력으로 형성된 조직문화가 현재의 포스코라는 세계 초우량기업을 탄생시켰고, 오늘날의 현대자동차, 삼성중공업, LG전자와 같은 우리나라의 초우량기업을 성장시키는 발판을 만들었다.

제4절
노동쟁의의 발생과 노사관계리더십

1. 노동쟁의의 발생과 조정

(1) 노동쟁의의 발생

노동조합과 사용자가 평화적인 단체교섭을 통해 서로 주장하는 내용을 합의하여 단체협약으로 체결한다면 가장 바람직하다. 그러나 임금 기타 근로조건은 노동조합과 사용자간에 주장의 근거와 입장이 상이하므로, 단체교섭이 순수하게 대화에 의해서만 해결되기는 어렵다.

노사관계 당사자가 평화적인 단체교섭에 의하여 임금 · 근로시간 · 후생 · 해고 · 기타 대우 등 근로조건에 관한 사항에 관하여 교섭하다가 주장의 불일치로 인하여 발생하는 분쟁상태를 노조법에서는 '노동쟁의'로 정의하고 있다.

노동쟁의의 상태에서 원만히 단체협약이 체결되지 못하게 되면 노동조합은 노동쟁의의 조정절차를 거쳐서 집단행동을 전개하게 된다.

노사간의 집단행동인 쟁의행위는 노사관계 당사자가 임금 · 근로시간 · 복지 · 해고 · 기타 대우 등 근로조건에 관한 주장의 불일치에 관하여 그 주장을 관철할 목적으로 하는 노동조합의 파업 · 태업 등의 행위와 이에 대응하는 사용자의 직장폐쇄를 의미한다.

노동조합이 파업이나 태업으로 사용자에게 타격을 주는 경우에 사용자는 이에 대응하는 수단으로 직장폐쇄를 통하여 노동력의 수령을 거부하고 임금지급을 면한다.

직장폐쇄(lock out)는 노동조합의 쟁의행위에 대항적 · 방어적 수단으로 이루어져야 그 정당성이 인정된다. 직장폐쇄는 근로계약이 존속하는 것이므로 해고와는 상이한 것으로 쟁의행위가 종료되면 다시 취업을 시킨다는 것이 전제되어 있는 것이다.

노동관계법에서는 정당한 쟁의행위에 대해서만 민 · 형사상 면책을 규정하고 있으나, 구체적인 기준을 제시하고 있지는 않고 있으므로 헌법상 보장된 노동3권의 취지를 고려하여 주체 · 목적 · 방법 · 절차 등을 종합적으로 검토하여야 한다.

노동관계법상에 규정된 일부조항에 위배되더라도 이는 그 한계를 명시한 것이기는 하나 절대적인 기준이 아니므로, 쟁의행위 자체의 정당성은 노동쟁의의 전반적인 내용을 검토하여 판단하여야 한다.

우리나라의 노사분규는 1987년 민주화과정에서 3,600여건이 발생하여 산업현장의 노사관계가 극심한 갈등시기를 거치면서 20여년의 기간 동안 점차 안정화되어 가는 추세를 보이고 있다. 특히, 1997년 외환위기 상황하에서 노 · 사 · 정 경제주체들이 경제위기 극복을 위한 합의를 이끌어 내는 등 국가적 차원의 노사대화를 체계화하여 노사정위원회를 중심으로 노사문제뿐만 아니라 사회 · 경제적인 사안을 협의하므로써 세계에서 사례를 찾아보기 어려울 정도로 신속히 경제 재도약의 기반 마련에 커다란 역할을 하였다.

국제경쟁력평가기관에서 아직도 우리나라의 노사관계 경쟁력을 매우 낮게 평가하고는 있으나, 내부 노사관계 상황은 긍정적으로 변화가 진행되고 있다.

2009년의 노사분규 상황을 분석하여 보면 노사분규 발생은 전년대비 12.0% 증가(2008년 108건, 2009년 121건) 하였으나, 이제 노사분규는 100여건에 불과하고 근로손실일수도 전년대비 22.5% 감소(2008년 809,402일, 2009년 626,921일)하고 있다.

이를 상급단체별로 살펴보면 민주노총 소속 사업장의 노사분규가 112건으로 전체 노사분규의 92.6%, 한국노총 소속 사업장의 노사분규가 7건으로 5.8%를 차지하고 있다.

근로손실일수에서는 민주노총 소속 사업장이 605,529일로 전체 근로손실일수의 96.6%를 차지하고, 한국노총 소속 사업장은 19,986일로 3.2%를 차지하고 있다.

노사분규의 발생원인은 임금협약 27건, 단체협약 17건, 임 · 단협 67건, 구조조정 등 기타 10건의 특징을 보이고 있다.

우리나라 노사관계는 이제 안정화 단계를 벗어나 초일류기업을 중심으로 협력적이고 생산적인 노사관계로 진입하고 있다.

세계화의 무한경쟁시대에서 분배문제보다도 고용의 확대와 안정이 최우선 과제로 등장함에 따라 노사관계도 작업장 혁신을 통하여 노사관계 경쟁력을 강화하는 체제로 변화하고 있는 것이다.

(2) 노동쟁의의 조정

노동쟁의는 노사당사자의 주장이 일치하지 않아 발생하는 것이므로 그 해결도 당사자가 자율적으로 하는 것이 가장 바람직하다. 단체협약으로 정한 절차에 따라 노사가 평화적으로 해결하는 것이 노사간의 손실과 비용을 최소화 하는 것이다. 노조법은 당사자 간에 신속히 해결하도록 지원하는 공적 조정절차를 두고 있다.

노동쟁의가 발생한 경우에 그 사실을 관할 행정관청과 노동위원회에 신고하도록 강제하고, 그 신고를 받은 행정관청과 노동위원회가 지체없이 조정절차를 개시하도록 하고 있다. 우리나라는 일반사업의 경우에는 신고일로부터 10일, 공익사업의 경우에는 15일은 쟁의행위를 하지 못하고 사전에 노동위원회의 조정을 받아야 한다.

노동쟁의의 조정에는 조정, 중재, 긴급조정, 사적조정제도가 있어 노사당사자의 분쟁상황을 청취하고 쟁의행위 없이 노동쟁의를 해결하도록 조력한다.

공중의 일상생활 및 국민경제와 밀접한 관련을 가지고 있는 공익사업에 있어서의 쟁의행위는 공중에 커다란 불편을 초래하고 국민경제를 현저히 위태롭게 할 수 있다. 이에 따라 노동쟁의 조정에 관하여 일반사업과 달리 공익사업은 노동쟁의 조정을 우선적으로 취급하고, 조정기간이 일반사업의 10일보다 5일이 긴 15일이며, 공익위원(3인)만으로 구성된 특별조정위원회에서 조정을 담당하는 등 절차상의 특별한 취급을 하고 있다.

공익사업 중 '필수공익사업' 은 직권중재제도가 2008년 1월 1일부터 폐지됨에 따라 '필수유지업무' 개념이 도입되어 일정 범위 내에서 쟁의행위를 제한하고 있다.

필수공익사업의 경우 일반사업과 달리 쟁의행위기간 중 쟁의행위로 중단 된 업무의 수행을 위하여 당해 사업과 관계없는 자를 채용 또는 대체하거나 중단된 업무를 도급 또는 하도급을 줄 수 있다. 다만, 이 경우 파업참가자 수의 100분의 50 범위 이내에서 허용된다(노조법 제43조 제4항).

'공입사업' 에 해당하기 위해서는 형식적 요건과 실질적 요건을 모두 충족시켜야 한다.

형식적 요건으로는 ① 정기노선여객운수사업 및 항공운수사업,

② 수도사업, 전기사업, 가스사업, 석유정제사업 및 석유공급사업, ③ 공중위생사업, 의료사업 및 혈액공급사업, ④ 은행 및 조폐사업, ⑤ 방송 및 통신사업에 해당되어야 한다.

실질적 요건으로는 형식적 요건에 해당하는 사업 중 ① 공중의 일상생활과 밀접한 관련이 있거나, ② 쟁의행위로 인하여 국민경제에 미치는 영향이 큰 사업이어야 한다.

'필수공익사업'이라 함은 공익사업으로서 그 업무의 정지 또는 폐지가 공중의 일상생활을 현저히 위태롭게 하거나 국민경제를 현저히 저해하고 그 업무의 대체가 용이하지 않은 사업을 의미한다.

이에 해당하는 사업으로 ① 철도사업, 도시철도사업 및 항공운수사업, ② 수도사업, 전기사업, 가스사업, 석유정제사업 및 석유공급사업, ③ 병원사업 및 혈액공급사업, ④ 한국은행사업, ⑤ 통신사업이 있다.

2. 노동쟁의에 대한 노사관계리더십

(1) 단체교섭의 지속실시

단체교섭을 성실히 진행하였음에도 불구하고 노사의 입장차이로 노동쟁의가 발생된 경우에도 노동조합과의 단체교섭이 지속적으로 진행될 수 있도록 신뢰관계를 유지하여야 한다. 노사관계의 단체교섭 과정에서 이해가 대립되는 것은 자연스런 현상이므로 노동조합의 요구가 다소 무리한 경우에도 소속 조합원들의 여론을 수렴하면서 단체교섭을 진행하는 성실한 자세가 필요하다.

노사관계에 있어 노동쟁의가 발생하여 노동위원회에 조정을 신청하는 경우에도 단체교섭의 지속적인 실시를 통하여 70% 내외의 노동쟁의가 파업 등의 집단행동 없이 평화적으로 타결되어 단체협약이 체결되고 있는 것이 현실이다. 노동쟁의가 조정기간 중에 원만히 해결되는 것은 노사관계의 계속성이라는 특성과 노사가 집단행동으로 인한 기업의 이미지 및 근로자들의 임금손실을 우려하여 단체교섭 과정에서 상대방을 이해하면서 신뢰관계가 형성되기 때문이다.

기업경영자는 기업의 경영에 대한 최종 책임을 지므로 기업의 이해관계자에게 기초적인 사명인 기업을 유지, 발전시킬 책임이 있는 것이다. 기업경영자가 내부고객인 근로자의 욕구조차 만족시키고 이해시키지 못한다면 현대경영학의 명제인 기업성과 창출을 통한 사회에의 공헌과 같은 윤리경영은 불가능하게 된다. 따라서 노사관계가 전근대적인 대립관계에서 단체교섭이라는 의사소통의 창구를 통하여 상호이해의 폭을 넓히고 기업의 경쟁력을 강화하는 체계를 형성하는 것이 전략적인 인적자원체계를 형성하는 기본이 되고 있다.

참고사례 **쟁의행위기간 중의 임금지급**

쟁의행위로 인하여 사용자에게 근로를 제공하지 않은 근로자는 '무노동 무임금의 원칙'에 따라 일반적으로는 근로의 대가인 임금을 청구할 수 없는 것이다.

종전의 대법원 판례는 임금 중 사실상의 근로제공에 대하여 교환적으로 지급받는것이 아니라 근로자로서의 지위 자체에 기하여 지급받는 생활보장적 임금은 당해 근로계약의 해석상 사실상 근로를 제공하였는지의 여부와 관계없이 지급받도록 되어있는 임금으로 무노동 무임금의 원칙이 적용되지 않는다고 보았다(대법 1992.6.23, 92다11466).

그러나 1995년 전원합의체의 판결로 종래의 입장을 변경하여, 파업참가자는 무노동 무임금 원칙에 의하여 임금지급청구권이 없다고 하였다. 그 이유로 첫째, 임금은 근로의 대가로서 현실적으로 생활보장적 임금은 있을 수 없으며, 따라서 임금을 '생활보장적 부분'과 근로에 대한 대가의 성질을 가지는 '교환적 부분'으로 나눌 이유가 없다는 점, 둘째 근로자의 쟁의행위는 근로자와 사용자의 주된 권리 · 의무가 정지되는 바, 이는 개별근로자의 근로제공의무가 남아있는 지각 · 조퇴와는 근본적으로 다르기 때문이다(대판 전원합의체 1995.12.21, 94다2621, 종래의 임금2분설 입장 변경).

(2) 노동조합의 집단행동에 대한 대응

노동조합이 노동위원회의 노동쟁의 조정에서까지 단체협약의 체결에 합의하지 못하면 불가피하게 최후 수단인 단체행동권을 활용하여 기업을 압박하게 된다. 현대 노사관계에서 파업과 같은 집단행동은 무한경쟁시대에서 기업경쟁력에 결정적 타격을 가져오게 되므로 노사는 어떠한 일이 있더라도 피해야 하지만 노사간에 아직도 현대 노사관계의 본질을 이해하지 못하고 극한상황으로 진행하는 경우가 발생하고 있다.

우리나라의 경우에 6,000여개의 노동조합이 조직되어 있고 사실상 조직이 가능한 300인 이상의 기업에는 70~80%가 노동조합을 조직하고 있는 상황이다. 지난해에 70~80여개의 기업에서 집단행동이 있었지만 대부분 단기로 끝내고 기업경쟁력에 문제가 없다고 판단되는 재고량의 소비기간에 단체교섭을 타결하는 양상을 보이고 있다. 이제 20,000~30,000만불의 선진국에 진입하고 있는 우리나라는 기본적인 욕구가 충족된 상태이므로 근로자들의 고용안정, 건강증진, 스트레스 해소와 같은 노사관계환경의 조성을 통하여 행복하고 보람찬 일터를 만드는 것이 노동운동의 목적이 되고 있기 때문으로 분석되고 있다.

기업경영자는 현대 노사관계의 흐름을 정확히 파악하여 기업은 사람으로 구성되는 정교한 조직체라는 사실을 인식하고 내부고객이 행복하여야 외부의 이해관계자들을 만족시킬 수 있다는 사실을 인식하여야 한다. 노동조합도 기업의 이해관계자가 동의하지 않는 집단행동은 사회의 외면을 받게 되므로 스스로 자제하여야 하는 것이다.

기업이 노동조합의 집단행동에 감정적으로 대응하게 되면 집단행동에 상부 노동단체나 정치 관계자까지 개입하여 노사관계를 정치 관계로 변모시키는 사례도 발생한다. 기업경영자는 노동조합과의 신뢰관계를 유지하고 집단행동은 단체교섭에서 우위를 차지하려는 노동조합의 최후 수단이라는 점을 이해하고 단체교섭을 성실히 수행하여 갈등을 조속히 해결해 나가는 전략적 접근이 필요하다.

참고사례

노동조합의 쟁의행위가 정당하기 위한 조건

근로자의 쟁의행위가 정당성을 갖추기 위해서는 그 주체가 단체교섭이나 단체협약 체결능력이 있는 자, 즉 노동조합이어야 하고, 그 목적이 근로조건의 향상을 위한 노사간의 자치적 교섭을 조성하기 위한 것이어야 하며, 그 시기는 사용자가 근로자의 근로조건 개선에 관한 구체적인 요구에 대하여 단체교섭을 거부하거나 단체교섭의 자리에서 그러한 요구를 거부하는 회답을 했을 때 개시하되, 특별한 사정이 없는 한 법령이 정하는 바에 따라 조합원의 찬성결정 및 노동쟁의 발생신고를 거쳐야 하고, 그 방법은 소극적으로 노무의 제공을 전면적 또는 부분적으로 정지하여 사용자에게 타격을 주는 것이어야 하며, 노사관계의 신의성실의 원칙에 비추어 공정성의 원칙에 따라야 하고, 사용자의 기업시설에 대한 소유권 기타의 재산권과 조화를 이루어야 함은 물론 폭력이나 파괴행위를 수반하여서는 안 되는 것이다(대법 1992.7.14, 91다43800).

사용자 직장폐쇄의 정당성 한계

근로자들의 직장점거가 개시 당시 적법한 것이었다 하더라도 사용자가 이에 대응하여 적법하게 직장폐쇄를 하게 되면, 사용자의 사업장에 대한 물권적 지배권이 전면적으로 회복된다. 이에 따라 사용자는 점거중인 근로자들에 대하여 정당하게 사업장으로부터의 퇴거를 요구할 수 있고 퇴거를 요구받은 이후의 직장점거는 위법하게 된다. 따라서 적법하게 직장폐쇄를 단행한 사용자로부터 퇴거요구를 받고도 불응한 채 직장점거를 계속하는 행위는 퇴거불응죄를 구성한다(대법 1991.8.13, 91도1324).

(3) 부당한 요구나 행위에 대한 원칙적 대응

노동조합이 무리하거나 부당한 요구나 집단행동을 실행하는 경우에도 노사관계의 계속성이라는 점에서 노사관계의 기본원칙에 입각하여 대응하는 자세가 중요하다. 노동조합의 무리한 요구에 대하여는 단호하게 수용 할 수 없는 사유를 객관적 근거를 토대로 이해시키고 부당한 행위에 대하여는 물리적 대응보다는 설득하고 대안을 제시하는 전략이 필요하다.

노동조합이 집단행동을 하는 경우에는 대부분 합법적으로 진행하려 하지만 일부 통제가 어려운 조합원이 집행부의 지시를 무시하고 무리한 행위를 하는 사례가 발생한다. 이때에는 노사관계담당부서로 하여금 적시에 채증토록하고 집단행동이 완료된 이후에 응분의 조치를 반드시 실행하는 원칙적 대응이 중장기적으로 합리적인 노사관계를 형성하는 길이다.

노동관계법도 노동조합이 집단행동을 하기 위하여는 소속조합원의 과반수 이상이 찬성하여야 가능하도록 규정하고 있는 이유가 이와 같은 집단행동의 특성에서 나온 것이다. 노동조합도 파업 등의 집단행동은 단체교섭을 유리하게 전개하기 위한 수단이므로 최대한 조속히 단체행동을 마무리하려고 할 것이다. 이것은 단체교섭이 타결되고 집단행동이 완료되면 자신들이 계속 근무할 일터이므로 기업의 이해관계자의 신뢰성까지 잃어버리는 노동운동을 전개하지는 않는 것이 노사관계의 기본원칙이기 때문이다.

참고사례 **현대중공업(주) : 노사관계원칙의 준수**

현대중공업(주)은 1970년 현대건설(주) 산하의 조선사업부로 출발하여 1973년에 별도의 법인으로 설립되었다. 1987년 민주화 선언 이전까지는 노동조합 없이 회사 주도로 노사관계가 관리되었다. 1987년 산업현장의 민주화와 함께 노동조합이 설립되어 강력한 대립적 노사갈등 시기를 겪었다.

이와 같이 심각한 노사갈등을 겪은 것은 그동안 형성된 현장의 가부장적 노사관계와 권위주의적 기업 분위기가 상승작용을 하였기 때문이다. 노사갈등시기에 노동조합은 골리앗 클레인 투쟁을 하고 공권력까지 개입되는 등 심각한 투쟁을 전개하였다. 이에 대응하여 기업경영자도 파업참가자들에게 무노동무임금원칙을 철저히 적용하고 직장폐쇄를 단행하는 등 법의 테두리 내에서 원칙에 따른 대응을 하였다.

노사갈등이 계속되자 회사존속 여부에 대한 우려가 현실화 되어 외국주문의 취소와 같은 경영위기 상황이 발생하였다. 노동조합 내부에서도 1994년을 전후하여 노사의 극한 대립은 종식시키자는 분위기가 형성되었다. 2002년을 전후하여서는 기업경영진의 의사소통 노력과 원칙에 따른 대응으로 노사협조의 분위기가 형성되면서 세계 초일류의 중공업기업으로 발전하는 원동력이 되었다.

이와 같이 현대중공업(주)의 노사관계가 합리적으로 바뀐 것은 강력한 노사분규의 경험이 밑거름이 되어 기업경영자가 전사적 인적자원관리체계 속에서 노사관계에 대한 관심과 전문성을 가지고 원칙적으로 대응하였기 때문으로 평가 받고 있다.

(4) 노동위원회의 공적조정 적극 활용

노동쟁의가 발생하게 되면 일반사업은 10일, 공익사업은 15일간의 냉각기간을 거쳐야 한다. 이때 노동위원회는 공익위원, 사용자위원, 근로자위원으로 구성된 조정위원회에서 노사당사자에게 공적조정을 실시한다. 노동위원회의 조정을 받지 않은 집단행동은 불법집단행동이 되므로 필수적인 절차이다.

노동쟁의로 비화된 단체교섭을 집단행동 없이 해결하기 위해 노동위원회의 조력을 받아 단체교섭을 계속 진행하여야 한다. 노동조합은 근로자위원을 통하여, 사용자는 사용자위원을 통하여 최후의 단체협약체결(안)을 제시하는 것이 통상적이므로 냉각기간의 조정과정에서 단체교섭이 대부분(70% 내외) 타결되고 있다.

기업경영자는 냉각기간 중에 국가의 공적조정을 활용하여 집단행동없이 노사분규를 해결하는 노력을 최대한 기울여야 한다. 노동위원회의 조정과정에서 타결이 되지 않는 경우에는 조정위원회를 개최하여 조정(안)을 제시하게 된다. 이미 노사의 의견을 반영하여 공정하게 조정(안)이 제시되므로 노동위원회에서 수락되는 것이 일상적이나, 수락되지 않는 경우에도 사후에 타결(안)의 기준이 되므로 합리적인 기업의 노사관계가 형성될 수 있도록 조정의 마지막 단계까지 최선을 다하는 노력이 매우 중요하다.

기업경영자는 집단행동이 발생하는 경우에도 경영권의 본질적 내용이 침해받지 않도록 노동조합을 설득하고 일반적인 노사관계 원칙이 유지되도록 하여야 한다. 기업경영자가 단기적이고 근시안적으로 노동조합의 무리한 요구를 수용하게 되면 이를 시행하여야 하는 현장의 관리감독자의 지휘관리 권한에 손상을 가져오게 되므로 기업의 노사관계질서 자체가 흔들리게 되는 것이다. 집단행동이 종결되고 새로운 단체협약이 체결되면 변화된 단체협약의 내용과 배경을 설명하고 현장에서 올바르게 준수 되도록 하여야 한다.

참고사례 **노동위원회 조정성립률 70% 넘었다.**

노동위원회의 조정성립률이 지난 2011년 6월말 기준으로 70%를 돌파했다. 7월 26일 중앙노동위원회의 발표에 따르면 6월말까지 전국 지방노동위원회와 중앙노동위원회에 신청된 조정사건은 총 371건에 이르렀으며, 이 중 352건에 대한 조정이 진행되어 217건의 조정이 성립 됐고, 93건에 대해서는 조정이 불성립되었으며, 나머지 42건은 취하되거나 행정지도로 마무리 되었다.

이로써 노동위원회의 조정성립률은 지난해의 59.7%보다 무려 10.3% 포인트 높은 수준을 기록하게 된 것이다. 이와 같은 노동위원회의 조정으로 2011년 7월 25일까지 발생한 파업도 고용노동부의 집계기준으로 31건에 불과하여 전년 동기의 38건보다 감소하였다.

(헤럴드경제, 2011.7.26, 박도제 기자)

(5) 집단행동이후의 노사관계질서 확립

기업경영자는 집단행동 이후에 조직의 분위기가 이완될 수 있으므로 그동안의 과정에서 불법행위가 발생한 경우에는 엄정한 조치를 취하여야 한다. 노사관계질서가 올바르게 형성되도록 하기위해 새로운 협약을 설명하고 현장에서 조속히 정착되도록 하여야 한다.

집단행동을 통하여 노사간의 갈등은 충분히 해소되었으므로 단체교섭 과정에서 발견된 갈등요소를 감안하여 창조적이고 활력 있는 조직문화가 형성되는 계기로 삼아야 한다. 노동조합원들도 집단행동과정에서 새로이 업무에 대한 에너지가 생성되었으므로 이러한 에너지를 결집시키는 경영능력이 필요하다.

기업경영자는 집단행동으로 발생한 회사의 상황을 설명하고 더욱 기업경쟁력을 강화 할 수 있도록 하는 계기로 활용하는 리더십을 발휘하여야 한다. 노사간에 새로운 단체협약의 질서를 확립하여 조직문화를 혁신하는 계기로 삼는 노력이 필요한 것이다.

참고사례 **한국전기초자(주) : 노사갈등이후의 노사관계혁신**

한국전기초자(주)는 1997년 그동안 계속되어온 노사갈등과 외환위기를 맞이하여 퇴출 1순위에 있던 기업이었다. 당시 차입금 3480억원에 매출액은 2377억원으로 차입금이 매출액보다도 1.5배나 많고, 부채비율 1,114%, 1997년 적자는 598억원의 상황이었다.

이때 새로운 기업경영자가 부임하여 사양산업이나 쇠퇴산업은 없고 기업은 경영자의 경영철학의 문제라고 주장하면서 열린경영을 선포하고, 노동조합이 요구하는 고용보장은 고객이 하는 것이므로 고객이 원하는 제품과 품질로 승부 할 것을 요구하였다.

무엇보다도 근로자에게 "새마음 새출발"이라는 각오 하에 3년간 회사의 회생을 위해 고객 우선의 비전에 헌신하여 줄 것을 설득하였다. 제일 먼저 지속적으로 경영상황을 설명하는 체제를 가동하여 직원들이 올바르게 회사를 이해하도록 하였다. 직원에게는 1급 비밀까지도 공개한다는 원칙 하에 종업원이 스스로 연구하고 고객의 수요에 부응하여 실천하는 분위기를 형성하였다. 이에 따라 꾸준히 경영혁신이 전사적으로 이루어져서 1998년에는 순이익 305

억원, 1999년에는 순이익 745억원의 획기적인 경영성과를 달성하였다.

이와 같이 기업은 기업경영자의 경영철학에 따라 근로자가 함께 참여하는 전사적 혁신기업이 되기도 하고, 전근대적 경영관으로 사람경영을 잘못하는 경우에는 사회에 공헌은 고사하고 엄청난 폐해를 가져 오기도 한다. 한국전기초자의 기업경영자는 근로자에 대한 경영정보의 공유, 솔선수범, 평생학습을 통하여 구성원 모두가 혁신에 동참하도록 조직분위기를 만들어 퇴출 1순위 기업을 우량기업으로 단기간 내에 변모 시켰다.

제5절
부당노동행위제도와 노사관계리더십

1. 부당노동행위제도와 구제절차

(1) 부당노동행위의 내용

부당노동행위제도는 헌법상으로 보장되고 있는 근로자의 노동3권인 단결권 · 단체교섭권 · 단체행동권을 사용자로부터 구체적으로 보호하기 위한 제도이다. 노조법의 규정에 따라 사용자가 노동3권을 침해하는 경우에는 일반적인 사법적 절차로도 보호받을 수 있다.

그러나 법원에 의한 구제는 계속적 노사관계의 특성상 실효성에 문제가 제기되었다. 실제로 대부분의 부당노동행위가 대규모 사업장의 노동조합보다는 소규모 사업장의 노동조합에서 발생하고 있는 현실에서 법원에 의한 구제는 적절하지 않다는 것이 일반적인 견해이다.

이에 따라 미국을 비롯한 일본 · 캐나다 등의 국가에서도 원상회복을 위주로 하는 별도의 부당노동행위제도를 마련하여 공정한 노사관계가 유지되도록 하고 있다.

우리나라의 부당노동행위제도는 노조법 제81조에서 다음과 같이 5가지 유형으로 규정하여 노동조합활동을 보호하고 있다. ① 근로자가 노동조합의 정당한 업무를 한 것을 이유로 그 근로자에게 불이익을 주는 행위, ② 근로자에게 다른 노동조합에 가입하지 않을 것 등을 고용조건으로 하는 불공정 고용계약행위, ③노동조합의 정당한 단체교섭을 거부하는 행위, ④ 노동조합에 대한 지배 · 개입, 경비원조 행위, ⑤ 근로자가 정당한 단체행동에 참여한 것을 이유로 또는 기타 행정관청에 증거를 제출한 것 등을 이유로 불이익을 주는 보복적 행위를 사용자의 부당노동행위로 금지하는 것이다.

(2) 부당노동행위에 대한 구제제도

부당노동행위의 구제제도는 처벌주의와 원상회복주의로 구분할 수 있다. 부당노동행위에 대한 처벌주의는 부당노동행위를 범죄로 보아 행위자를 형사 처벌함으로써 부당노동행위의 발생을 예방하는 제도이다.

노사관계에서 처벌보다는 계속 근무가 핵심이므로 처벌보다는 원상회복하도록 하는 제도가 도입된 것이다. 미국, 일본 등의 국가에서 노사관계의 특성상 원상회복제도를 취하고 있다.

우리나라는 원상회복제도와 처벌제도를 함께 규정하고 있다. 노동위원회에의 원상회복 청구시에는 사용자의 부당노동행위로 인하여 그 권리를 침해당한 근로자 또는 노동조합은 그 행위가 발생한 지역을 담당하는 지방노동위원회에 구제신청을 할 수 있다. 부당노동행위에 대한 구제신청은 부당노동행위가 일어난 날(계속하는 행위는 그 종료일)로부터 3월 이내에 서면으로 하여야 한다.

노동위원회의 조사는 법원의 변론주의와 상이하게 직권조사주의를 채택하고 있다. 노동위원회는 3인의 공익위원으로 구성되는 심판회의에서 조사와 심문절차를 거쳐 판단한다. 이때에 근로자위원과 사용자 위원의 의견을 들어야 한다.

노동위원회는 부당노동행위가 성립한다고 판단하는 때에는 사용자에게 구제명령을 하여야 하며, 그렇지 않은 경우에는 기각하는 결정을 하여야 한다(노조법 제84조 제1항).

지방노동위원회의 구제명령 · 기각명령에 불복이 있는 노사당사자는 명령서 또는 기각통지서를 송달받은 날로부터 10일 이내에 중앙노동위원회에 재심을 신청할 수 있다(노조법 제85조 제1항).

중앙노동위원회의 구제명령이나 기각결정 또는 재심판정에 대하여 관계당사자는 그 명령서 · 결정서 또는 재심판정서를 송달 받은 날로부터 15일 이내에 행정소송법에 의한 행정소송을 제기할 수 있다(노조법 제85조 제2항).

중앙노동위원회의 결정서 또는 재심판정서를 송달받은 날로부터 15일 이내에 행정소송을 제기하지 않은 경우에는 그 재심판정은 확정된다. 노조법 제89조 제2호의 규정에 따라 확정된 구제명령에 위반한 자는 3년 이하의 징역 또는 3,000만원 이하의 벌금에 처하게 된다.

노동위원회의 구제명령은 명령서를 교부받은 날로부터 효력이 발생하며, 중앙노동위원회의 재심신청이나 행정소송의 제기에 의하여 그 효력이 정지되지 않는다. 그러나 사용자가 노동위원회의 구제명령을 이행하지 않는 경우에는 현실적으로 당해 구제명령이 판결에 의해 확정된 후에만 명령위반을 이유로 벌칙을 적용할 수 있다. 그러나 법원에 의하여 확정되기까지는 상당한 시간이 소요되므로 구제명령의 실효성이 문제된다. 이를 위하여 관할법원은 중앙노동위원회의 신청에 의해 판결이 확정될 때까지 중앙노동위원회의 구제명령 전부 또는 일부를 이행하도록 명령할 수 있는 긴급이행명령제도를 두고 있다.

우리나라는 사용자의 부당노동행위에 대하여 노동위원회에 의한 원상회복구제제도와 함께 노동조합법 제89조에서는 부당노동행위를 한 사용자에 대하여는 2년 이하의 징역 또는 2,000만원 이하의 형사처벌이 가능하도록 규정하고 있다.

사용자의 부당노동행위에 대하여 원상회복구제제도 또는 형사처벌제도 중 하나만을 선택적으로 규정하는 것이 통상적인 입법례이나, 우리나라에서는 가능한 한 부당노동행위를 예방하고 노사관계의 안정을 도모하기 위해 기존의 원상회복구제제도에다 형사처벌제도까지 도입하고 있는 것이다. 따라서 부당노동행위에 대하여 해당 노동조합이나 근로자는 ① 형사처벌의 요구, ② 형사처벌과 노동위원회에 원상회복요구, ③ 노동위원회에 원상회복 요구와 같은 구제수단의 활용이 가능하다.

부당노동행위에 대한 노동위원회의 구제 명령은 사용자에게 근로자나 노동조합의 침해된 권리를 원래대로 회복시키는 적절하고도 구체적인 내용이어야 한다. 노동위원회는 행정관청의 일종이므로 구제명령으로 사법상의 효력을 직접적으로 발생시키는 것이 아니라 사용자가 구제명령의 내용을 이행하지 않는 경우에는 형사처벌대상이 되는 처벌규정에 의하여 간접적으로 이행을 강제하고 있다.

그러므로 사용자가 형사처벌규정에도 불구하고 구제명령을 이행하지 않는 경우에는 사법상의 법률관계는 궁극적으로 민사소송절차에 따라 법원에 해고무효확인 등의 소송을 청구할 수밖에 없다. 노동위원회에서 기각된 부당노동행위사건이라 하여도 민사소송에 의한 사법적인 구제를 신청할 수는 있을 것이나, 부당노동행위사건으로 행정소송이 확정된 경우에는 근로기준법 등 타 법률에서 금지하고 있는 사유를 추가로 제기하지 않는 한 구제이익의 소멸로 소송이 배척되게 된다(대법 1992.11.14, 90누9766 참조).

2. 부당노동행위에 대한 노사관계리더십

(1) 노동조합의 정상적 활동보장

노동조합은 소속 근로자들의 불만사항이나 고충사항을 현재화할 수 있는 의사소통의 통로이므로 기업경영자는 노동조합을 경원시하기 보다는 조직역량을 강화하는 인력관리의 체계로 인식하여야 한다. 노동조합의 역할에 대한 전근대적인 인식으로 노동조합활동에 혐오감을 갖은 경영자들도 현대적인 인적자원관리 차원에서 노동조합의 긍정적 기능을 적극적으로 발전시켜 나가는 인적자원관리체계의 구축이 필요하다.

이제 2011년 7월 1일부터 복수노동조합의 설립이 허용되고 단체교섭창구의 단일화가 의무화됨에 따라 노노간 및 노사간에 노동조합활동을 둘러싸고 갈등을 겪게 되는 사례가 발생하고 있다. 특히, 그동안 강력한 노동운동을 독점적으로 전개하던 노동조합에 대응하여 신규노동조합이 결성되거나, 지나치게 사용자와 밀착된 노동운동에 대응하여 정상적인 노사관계를 희망하는 근로자들이 제2,제3의 노동조합을 결성하면서 사용자가 노동조합활동에 지배, 개입하고자 하는 사례가 발생할 수 있게 되었다.

노동조합을 올바르게 인식하고 소속 근로자의 자아발전과 기업경쟁력을 강화하는 방향으로 인적자원 관리차원에서 노동조합활동을 관리하는 것이 아니라 대립적 노사관계 당사자로 노사관계를 보고 있기 때문이다. 현재와 같은 국제화와 지식정보화시대에서 근로자들이 지식근로자로 조직에 몰입하도록 하기 위하여는 의사소통, 동기부여, 업무에의 몰입, 자아실현의 추구를 강구하는 체계로 노사관계를 형성하여야 한다.

따라서 기업경영자는 노동조합의 정당한 행위는 소속 근로자의 노동인권이라는 차원에서 보호하려는 노력이 필요하다. 앞으로 복수노조시대에서 교섭창구의 단일화 과정이나 단체협약 운영과정에서 부당노동행위에 대한 논란은 끊임없이 발생할 것이므로 적극적인 인적자원관리 차원에서 기업의 경쟁력 강화라는 목적달성을 위해 노동조합과 사용자가 상호 인정하는 노사관계문화를 형성하도록 하여야 한다.

참고사례 **부당노동행위 판단원칙**

사용자의 행위가 노조법에 정한 부당노동행위에 해당하는지 여부는 사용자의 부당노동행위 의사의 존재 여부를 추정할 수 있는 모든 사정을 전체적으로 심리 검토하여 종합적으로 판단하여야 하고, 부당노동행위에 대한 증명책임은 이를 주장하는 근로자 또는 노동조합에게 있으므로, 필요한 심리를 다하였어도 사용자에게 부당노동행위 의사가 존재하였는지 여부가 분명하지 않는 경우에는 그로 인한 위험이나 불이익은 그것을 주장한 근로자 또는 노동조합이 부담할 수밖에 없다. 이와 관련하여 사용자가 근로자에게 징계나 해고 등 기타 불이익한 처분을 하였지만 그에 관하여 심리한 결과 그 처분을 할 만한 정당한 사유가 있는 것으로 밝혀졌다면 사용자의 그와 같은 불이익한 처분이 부당노동행위 의사에 기인하여 이루어진 것이라고 섣불리 단정할 수 없다(대법 2007.11.15, 2005두4120).

(2) 노동조합의 무리한 요구에 대한 원칙준수

노동조합집행부가 노동조합의 정상적 기능을 무시하고 무리하게 활동을 전개하는 경우에는 경영자도 단호하게 대응 할 필요가 있다. 노동조합의 집행부가 구성되면 조합원들에게 존재의식을 심어주기 위하여 조직질서를 흐리게 하는 경우가 발생하기도 한다.

평상시에 노동조합과의 긴밀한 대화를 통하여 이와 같은 사례가 발생하지 않도록 하여야 하지만, 이러한 노력에도 불구하고 불합리하게 노사관계질서를 어지럽히는 사례가 발생하는 경우에는 이에 상응하는 엄정한 조치를 취하는 것이 필요하다.

이와 같은 대응은 노동조합을 소속 근로자와의 의사소통의 통로로 인정하되, 노동조합이 원칙을 무시하는 경우에는 엄정하게 대응하여 조직질서를 확립하려는 조치인 것이다.

참고사례 **노동조합활동을 이유로 한 불이익 취급의 의미**

노조법은 제81조 제1호에서 "근로자가 노동조합에 가입 또는 가입하려고 하였거나 기타 노동조합의 업무를 위한 정당한 행위를 한 것을 이유로 그 근로자를 해고하거나 그 근로자에게 불이익을 주는 행위"를 부당노동행위라고 규정하고 사용자가 이 규정에 위반했을 경우 제90조에 이를 처벌하는 규정을 두고 있는바, 여기서 "불이익을 주는 행위"란 해고 이외에 그 근로자에게 휴직 · 전직 · 배치전환 · 감봉 등 법률적 · 경제적으로 불이익한 대우를 하는 것을 의미하는 것으로서 어느 것이나 현실적인 행위나 조치로 나타날 것을 요한다고 할 것이므로, 단순히 그 근로자에게 향후 불이익한 대우를 하겠다는 의사를 말로써 표시하는 것만으로는 위 법 제81조 제4호에 규정된 노동조합의 조직 또는 운영을 지배하거나 이에 개입하는 행위에 해당한다고 할 수 있음은 별론으로 하고 위 법 제81조 제1호 소정의 불이익을 주는 행위에 해당한다고는 볼 수 없다(대법 2004.8.30, 2004도3891).

(3) 부당노동행위신청에 대한 유연한 대응

노동조합이 부당노동행위로 문제를 제기하는 경우에 노동조합의 의도와 사건을 면밀히 검토하여 타당성과 배경을 파악하는 노력이 필요하다.

사용자에게 잘못이 있는 경우에는 과감하게 인정하고 원상회복시킴으로서 사건을 취하하도록 하여 기업 내에서 정상적인 노동운동을 적극적으로 보호한다는 신뢰를 갖도록 하는 것이 노사관계질서의 유지에 바람직하다.

그러나 현장의 관리감독자가 정상적인 지휘활동의 일환으로 행한 행위에 대해 노동조합이 무리하게 사건을 제기하는 경우에는 조직질서 차원에서 기업경영자가 적극 대응하는 자세가 필요하다.

노동위원회나 법원에서 화해를 종용하는 경우에도 영향력 있는 노조간부의 행위라 하여도 형평성을 유지하는 것이 정상적인 노사관계의 정립에 필요한 것이지만, 계속적인 노사관계의 특성을 감안 하여 사소한 조직질서 위반의 경우에는 노동위원회의 화해제도를 적극적으로 활용하여 원만한 해결을 하는 유연한 리더십도 발휘할 필요가 있다.

참고사례 **단체교섭 거부 · 해태에 있어 정당한 사유의 판단기준**

노조법 제81조 제3호는 사용자가 노동조합의 대표자 또는 노동조합으로부터 위임을 받은 자와의 단체협약 체결 기타의 단체교섭을 정당한 이유없이 거부하거나 해태할 수 없다고 규정하고 있는 바, 단체교섭에 대한 사용자의 거부나 해태에 정당한 이유가 있는지 여부는 노동조합측의 교섭권자, 노동조합측이 요구하는 교섭시간, 교섭장소, 교섭사항 및 그의 교섭태도 등을 종합하여 사회통념상 사용자에게 단체교섭의무의 이행을 기대하는 것이 어렵다고 인정되는지 여부에 따라 판단하여야 한다(대법 2006.2.24, 2005도8606).

제6절 노사협의제도의 운영과 노사관계리더십

1. 노사협의제도의 특징과 운영현황

(1) 노사협의제도의 특징

우리나라의 노사협의제도는 노동관계법의 규정에 따라 설치되어 단체교섭제도와 함께 현대적 노사관계관리의 중심적 기구로 노사협력관계의 촉진에 크게 기여하고 있다.

1963년에 노동조합법 제6조 내에 노사협의회제도에 관한 규정이 신설된 후에 1973년과 1974년의 노동조합법의 개정을 통해 노사협의제의 설치 · 운영규정이 구체화되었고, 1980년 12월 31일의 노사협의회법이 독립된 법률로 제정되었다. 그리고 1996년 12월 31일 전반적 노동관계법 개정을 계기로 종래의 노사협의회법을 「근로자참여 및 협력증진에 관한 법률」로 변경하여 오늘에 이르고 있다.

이와 같이 우리나라의 노사협의회는 개별기업의 단체협약, 전국적 차원의 사용자 조직과 근로자 조직의 합의에 의하여 설치된 것이 아니라 법률로 설치 · 운영이 강제되고 있다. 이에 따라 노사협의회의 설치 · 운영이 근로자의 단결권을 침해할 우려가 있다는 비판이 제기 되기도 한다.

미국에서 1992년 클린턴 정부가 노사관계발전을 위하여 연방노동부에 설치하여 의회에 보고한 Dunlop위원회의 노사관계 보고서도 노사협의회의 설치가 노사관계를 발전시킬 것이나, 노사협의회가 노조의 어용화를 유발시킬 가능성이 있다는 비판 때문에 입법화 되지는 못하였다.

1952년 6월 26일 제네바에서 개최되었던 제35회 ILO총회에서 채택된 노사협의제도에 대한 정의를 보면 "노사협의제도란 기업체의 당사자인 경영자와 근로자가 상호 대등한 입장에서 단체교섭에서 취급하지 않거나 또는 근로조건의 결정을 다른 제도에서 통상 취급하지 않는 경우에 노사쌍방이 상호간의 이해를 돈독히 하며, 상호협력을 촉진하는 기능을 갖는 제도"라고 규정하였다. 즉, 노사협의는 근로자와 사용자 쌍방이 참여와 협력을 통하여 노사공동의 이익을 증진함으로써 산업평화를 도모하고 국민경제발전에 이바지함을 목적으로 한다.

노사협의는 참여를 바탕으로 노사의 협력적 관계를 수립하기 위한 것이므로 투쟁적 대립관계와는 구별되는 것이며, 참여에 의한 노사공동의 이익을 증진하는 것이다. 노사협의회는 한편으로는 근로자의 복지증진과 다른 한편으로는 기업의 건전한 발전을 도모하는 것이다.

(2) 노사협의제도의 운영현황

1) 설 치

우리나라의 노사협의제는 「근로자참여 및 협력증진에 관한 법률」의 규정에 따라 근로조건의 결정권이 있는 사업 또는 사업장 단위로 그 설치 및 운영이 의무화 되고 있으며, 상시 30명 이상의 근로자를 사용하는 사업 또는 사업장에는 노사협의회를 설치하도록 강제하고 있다. 따라서 상시 30명 이상의 근로자를 사용하는 사업 또는 사업장에 대하여 사용자가 정당한 이유 없이 협의회의 설치를 거부하거나 방해하는 경우에는 벌칙이 부과된다.

또한 하나의 사업에 종사하는 근로자가 지역별로 분산되어 있더라도 전체 근로자수가 30명 이상일 때에는 그 주된 사무소에 노사협의회를 설치해야 한다. 그러나 이와 같은 설치방법은 노사협의회 운영에 여러 가지 불편과 어려움을 가져올 수 있으므로, 당사자의 합의에 의하여 사업장별로 별도의 노사협의회를 두는 방안이 모색될 수 있다.

현재 우리나라의 노사협의제는 종업원 30명 이상 기업 36,714개소 중 98%에 해당하는 35,968개소에 설치되어 있어 실질적으로 노사간의 의사소통기구로 활용되고 있다. 또한, 노동조합이 설치되어 있는 사업 또는 사업장에는 거의 대부분 노사협의회가 설치되어 있으며, 업종별로는 제조업분야에 47%정도에 해당하는 16,851개소가 설치되어 있다.

노사협의회 규모별 설치현황

계	계	30~49인	50~99인	100~199인	200~499인	500~999인	1000인이상
사업체수	42,654	19,378	13,026	6,137	2,951	742	420
대 상	36,714	16,273	11,333	5,421	2,588	710	389
설 치	35,968	15,644	11,277	5,382	2,567	709	389
설치율	98.0	96.1	99.5	99.3	99.2	99.9	100.0
규모별 비 율	100	43.5	31.3	15.0	7.1	2.0	1.1

자료 : 고용노동부 내부자료, 노사협의회 운영실태 조사 및 개선 방안 연구, 2007

노조유무별 설치현황

계			유노조			무노조		
사업장	대 상	설 치	사업장	대 상	설 치	사업장	대 상	설 치
42,654	36,714	35,968	6,918	6,159	6,123	35,736	30,555	29,845

자료 : 고용노동부 내부자료, 노사협의회 운영실태 조사 및 개선 방안 연구, 2007

노사협의회 업종별 설치현황

계	제조업	건설업	운수업	금융업	기 타
35,968	16,851	1,647	2,933	1,318	14,219

자료 : 고용노동부 내부자료, 노사협의회 운영실태 조사 및 개선 방안 연구, 2007

2) 노사대표의 구성

노사협의회는 근로자와 사용자를 각각 대표하는 같은 수의 위원으로 구성되며, 그 수는 각 3명 이상 10명 이내로 한다. 그리고 노사협의회의 구성은 노사 양자의 동수 대표로 하며, 근로자를 대표하는 위원과 사용자를 대표하는 위원을 동수로 한 것은 노사대등의 원칙에 입각하여 민주적으로 운영하기 위해서이다. 그리고 노사협의회에는 회무를 대표하며 총괄하는 의장을 두며, 의장은 위원 중에서 호선한다. 이 경우 근로자 위원 1명과 사용자 위원 1명을 공동의장으로 할 수 있다(근참법 제7조). 노사쌍방은 회무의 기록 등과 같은 사무를 담당하는 간사 1명을 각각 둔다.

근로자를 대표하는 위원(근로자위원)은 근로자가 직접 선출하는 것을 원칙으로 한다. 다만, 근로자의 과반수로 조직된 노동조합이 있는 사업 또는 사업장에서는 노동조합의 대표자와 그 노동조합이 위촉하는 자로 한다. 그러나 근로자의 과반수로 조직된 노동조합이 없거나 노동조합이 조직되어 있지 않은 경우에는 근로자 위원은 근로자의 직접 · 비밀 · 무기명 투표에 의하여 선출된다.

그러나 사업의 규모와 특수성에 따라 간접선거에 의한 선출이 부득이하다고 인정될 때에는 작업부서별로 근로자수에 비례하여 근로자(위원선거인)를 선출하고, 위원선거인 과반수의 직접 · 비밀 · 무기명 투표에 의하여 근로자 위원을 선출할 수 있다. 그러므로 근로자 위원은 직접선거 방식에 의하여 선출되는 것이 원칙이며, 예외적으로 사업의 특수성에 비추어 부득이하다고 인정될 때에 간접선거에 의하여 선출될 수 있다.

3) 노사협의회의 운영주기

노사협의회는 3개월마다 정기적으로 개최되어야 하며, 이를 위반한 경우에는 2백만원 이하의 벌금이 부과된다. 그리고 노사협의회 의장은 협의회의 회의를 소집하며, 노사 일방의 대표자가 회의의 소집을 문서로 요구한 때에는 이에 응하여야 한다.

고용노동부가 2005년에 한국노동교육원을 통해 조사한 자료에 따르면 기업별로 1년에 노사협의회 평균회수는 4.64회로 나타났다. 이를 기업 규모별로 살펴보면, 500~999인 기업이 5.03회로 가장 많았고, 1,000인 이상 기업은 4.98회, 300~499인 기업은 4.97회로 나타나고 있어, 법에서 규정하는 4회를 약간 상회하는 수준에 머물고 있음을 알 수 있다.

기업규모별 노사협의회 개최횟수

구 분	50-99인	100-299인	300-499인	500-999인	1000인 이상	전 체
연 평 균 개최횟수	4.58	4.56	4.97	5.03	4.98	4.64

자료 : 한국노동교육원, 노사협의회 운영실태 조사, 2006, pp.158~159

또한 노동조합의 결성 유무에 따른 노사협의회의 개최횟수를 보면 다음과 같다. 노동조합이 결성되어 있지 않는 기업보다는 노동조합이 결성되어 있는 기업에서 더욱 많은 개최횟수를 나타내고 있음을 알 수 있다. 법적인 기준에 맞추지 못한 경우가 전체의

23.2%를 차지하고 있으나, 연간 5회 이상 개최한 경우가 25.7%에 달함을 알 수 있어서 상당수의 사업장에서는 노사협의회가 활발하게 개최되고 있음을 알 수 있다.

노사협의제의 연간 개최횟수 분포도

노조유무	연간 노사협의회의 개최횟수					전체
	1	1~3	4	5~9	10회이상	
노조 무	32 4.1%	182 23.6%	387 50.1%	110 14.2%	61 8.0%	772 100.0%
노조 유	19 2.0%	168 17.5%	500 52.1%	195 20.3%	78 8.1%	960 100.0%
전체	51 2.9%	350 20.3%	887 51.2%	305 17.7%	139 8.0%	1.732 100.0%

자료 : 고용노동부, 노사협의회 운영실태 조사 및 개선 방안 연구, 2007, p. 159.

4) 취급사항

「근로자참여 및 협력증진에 관한 법률」은 노사협의회가 취급하는 주요사항으로서 다음의 세가지 사항을 규정하고 있다.

첫째는 근로자 위원과 사용자 위원 등이 대등한 지위에서 협의하여 합의에 도달할 수 있는 사항(근참법 제19조)이고, 둘째는 사용자가 반드시 협의회의 의결을 거쳐야만 시행할 수 있는 의결사항(근참법 제20조)이며, 셋째는 사용자가 협의회에서 보고 · 설명하는 사항(근참법 제21조)이다.

이들의 각 사항에 대한 주요내용을 살펴보면 다음과 같다.

협의사항

① 생산성 향상과 성과배분

② 근로자의 채용 · 배치 및 교육훈련

③ 노동쟁의의 예방

④ 근로자의 고충처리

⑤ 안전 · 보건 기타 작업환경 개선과 근로자의 건강증진

⑥ 인사 · 노무관리의 제도개선

⑦ 경영상 또는 기술상의 사정으로 인한 인력의 배치전환 · 재훈련 · 해고 등 고용조정의 일반원칙

⑧ 작업 및 휴게시간의 운용

⑨ 임금의 지불방법 · 체계 · 구조 등의 제도개선

⑩ 신기계 · 기술의 도입 또는 작업공정의 개선

⑪ 작업수칙의 제정 또는 개정

⑫ 종업원지주제 기타 근로자의 재산형성에 관한 지원

⑬ 근로자의 복지증진

⑭ 기타 노사협조에 관한 사항

의결사항

① 근로자의 교육훈련 및 능력개발기본계획의 수립

② 복지시설의 설치와 관리

③ 사내근로복지기금의 설치

④ 고충처리위원회에서 의결되지 않은 사항

⑤ 각종 노사공동위원회의 설치

보고사항

① 경영계획 전반 및 실적에 관한 사항

단기 및 중 · 장기 경영계획, 경영실적과 전망, 기구개편, 사업확장 · 합병 · 공장이전 및 휴 · 폐업 등 경영상 중요한 결정사항

② 분기별 생산계획 및 실적에 관한 사항

분기별 생산계획 및 실적, 사업부서별 목표 및 실적, 신제품개발 및 기술 · 기법의 도입

③ 인력계획에 관한 사항

인사방침, 증원 또는 감원 등 인력수급계획, 모집 및 훈련

④ 기업의 경제적 · 재정적 상황

재무구조에 관한 일반현황, 자산현황과 운용현황, 부채현황과 상환현황, 경영수지현황

⑤ 기업의 경영과 관련된 사항

협의회에서 보고하도록 의결된 사항, 근로자가 정당하게 보고를 요구한 경우

2. 노사협의제도에 대한 노사관계리더십

(1) 노사협의회의 효율적 운용

노사협의회는 노사대립을 기초로 형성된 조직이 아니므로 사용자는 적극적으로 노동조합과의 단체교섭과 함께 근로자와의 의사소통수단으로 활용할 필요가 있다. 현행제도의 운영상황에서 살펴본 바와 같이 대부분의 기업에서는 노사협의회가 법적으로 강제되어 있어 법의 최소기준인 분기별 1회씩 형식적으로 운영하고 있는 실정이다. 일부 기업에서는 노동조합의 조직의 회피수단으로 활용하는 사례까지 있어 사회적으로 지탄의 대상이 되기도 한다.

노사협의회는 노동조합과의 관계에서 단체교섭과는 달리 단체행동권을 담보로 하고 있지 않으므로 근로자가 의사결정에 참여하는 통로로 적극적인 활용 방안의 모색이 바람직하다.

실제적으로 노사협의회의 운영성과에 관한 실증적 조사결과(노동연구원, 2001)에서도 노사양측의 71.9%가 노사협의회를 긍정적으로 평가하고 있다. 사업경영자가 노사협의회 운영의 긍정적 측면을 활용하는 것이 인적자원관리의 좋은 방안이 된다는 것이다.

노사협의제도를 근로자와의 의사소통수단으로 실질적으로 운영하게 되면 결과적으로 사용자의 경영권과 근로자의 노동권을 조화시키는 역할을 하게 되므로 노사쌍방의 협조관계가 형성되어 노사관계의 합리화에도 기여하게 된다. 이러한 과정을 통하여 대립에 기초한 전통적인 노사관계를 참여와 협력의 노사관계로 승화시켜 생산성향상과 근로자의 사기 앙양에 기여하도록 운영하여야 한다.

참고사례 **노사협의회의 설치의무**

현행 근로자참여 및 협력증진에 관한 법률상의 노사협의회는 근로조건이 있는 상시 30명 이상의 근로자를 사용하는 사업 또는 사업장 단위로 설치하여 당해 사업 또는 사업장의 근로자 복지증진과 기업의 건전한 발전을 도모하는 협의기구로 노사협의회의 설치와 관련된 근로자수는 노사협의회 설치단위인 각 사업 또는 사업장별로 판단되어야 할 것인 바, 하나의 사업에 당해 근로자가 지역별로 분산되어 있더라도 전체근로자수가 30명 이상일 경우에는 그 주된 사무소에 노사협의회를 설치하여야 하고, 그 사업장에 대하여도 노사협의회를 설치할 수 있다(2003.11.20, 협력 68210-409).

(2) 단체교섭제도와의 상호보완적 운영

노사협의회는 협의사항, 의결사항, 보고사항으로 취급내용이 법정화 되어 있다. 단체교섭이 사용자와 노동조합간에 이해관계가 대립되는 사항을 대상으로 하고 있으나, 노사협의회는 이해관계를 같이 하는 사항을 협의 의결하도록 하고 있는 것이다.

이에 따라 노사가 집단적으로 의사소통을 하는 제도로 노동조합과 노사협의회의 두가지 제도를 동시에 운영하도록 법정화하고 있는 것이다. 기업의 입장에서는 근로자와의 집단적인 의사소통의 수단으로 두가지 제도를 운영하는 것이 부담이 될 수도 있다. 사실상 통계에서도 알 수 있듯이 노사협의회는 법정화 되어 있는 분기별 1회의 개최가 평균적인 상황이다.

하지만, 노사협의회와 노동조합을 상호보완적으로 조화롭게 활용하는 적극적 노사관계리더십의 발휘가 요구되고 있다. 노사협의회제도의 의사결정에 참여하는 기능과 단체교섭의 근로조건결정과 같은 분배기능을 연계하여 상호 보완적인 제도로 활용하는 것이다. 노사협의회가 조직성과에 미치는 영향에 관한 연구를 살펴보면 사용자가 적극적 활용의지를 가지고 운영하면 조직경쟁력에 긍정적 작용을 하는 것으로 나타나고 있다.

참고사례 **노사협의사항의 효력범위**

근로자참여 및 협력증진에 관한 법률 제19조에서 정한 협의사항은 노사가 성실히 협의하는 것으로 충분하며, 반드시 노사합의 또는 결정에 따라야 함을 강제하지 않는다. 따라서 "인사 · 노무관리의 제도개선"에 관한 사항을 노사협의회에 상정하여 성실히 협의하였다면, 그에 대한 의결 또는 합의 유무와 상관없이 그 효력을 동법에 의해 부인할 수 없을 것이다(2001.7.9, 노사 68010-235).

(3) 근로자참여의 성공모델 창출

노사협의회는 근로자의 의사결정에의 참여를 통하여 기업내의 근로자가 사용자와 이해관계가 일치하는 사항을 논의하는 장으로 제도화하고 있는 것이다. 지식정보화시대에서 사람은 기업이라는 조직에서 생산요소라기 보다는 능동적인 창조의 주체가 되어야 한다.

기업의 경영환경이 급변하는 상황에서 근로자의 창의력을 이끌어내고 업무에 대한 몰입도를 제고하는 방안을 모색하여야 하는 것이다. 이와 같은 방안은 구성원의 적극적인 참여를 기반으로 하고 있으므로 기업의 특성과 상황을 고려하여 생산성을 제고할 수 있는 혁신방안을 마련해 나가는 기업 경영자의 리더십이 필요하다.

노사협의회를 통하여 도입되는 혁신방안이 조직성과를 나타내게 되면 이것이 조직문화 혁신의 계기가 되는 것이다.

노사협의회를 통하여 근로자의 경영참여 방안으로 성과참가, 자본참가, 의사결정에의 다양한 참가방안이 기업실정에 맞게 도입되어 기업의 경쟁력을 강화하는 모델을 지속적으로 창출하는 제도로 활용되어야 한다.

참고사례 **노사협의회에서 협의할 사항의 범위**

노사협의회는 '근로자와 사용자가 참여와 협력을 통해 근로자 복지증진과 기업의 건전한 발전을 도모함을 목적으로 구성하는 협의기구'로, '근로자가 주체가 되어 자주적으로 단결하여 근로조건의 유지 · 개선 및 근로자의 사회적 · 경제적 지위향상을 목적으로 조직하는 단체'인 노동조합과는 그 제도적 취지를 달리하고 있다. 근참법 제19조는 노사협의회에서 협의하여야 할 사항을 규정하고 있는 바, 동조 제1항 제14호의 '기타 노사협조에 관한 사항'은 본조에 적시된 사항들 외에도 필요한 사항을 협의할 수 있음을 규정한 것으로 그 범위는 사안에 따라 개별 · 구체적으로 판단되어야 할 것이나, 기본적으로 근참법의 목적과 취지에 벗어나지 않은 사항으로 한정된다고 할 것이다. 따라서 노동조합 및 노동관계조정법 제24조에 의거 '단체협약으로 정하거나 사용자의 동의가 있는 경우에 근로계약 소정의 근로를 제공하지 않고 노동조합의 업무에만 종사하는' 노조전임자는 노동조합 활동에 관한 사항으로 노조전임자의 수에 대해 노사협의회에서 협의하는 것은 근참법의 목적과 취지에 부합하지 않는 것으로 '노사협의회에서 협의할 사항'으로 볼 수 없다 할 것이다(2004.6.29, 노사협력복지과-1401).

(4) 노사협의회의 논의사항에 대한 성실한 이행

노사협의회의 논의사항은 단체교섭에서의 합의사항과 달리 이행을 강제하는 수단이 제대로 확보되어 있지 않다.

단체교섭의 결과는 규범적부분에 대하여 개별근로자의 근로조건이 되어 이를 근거로 이행의 청구가 가능하도록 규범적 효력을 부여하고 있다.

단체협약을 불이행하는 경우에는 처벌도 가능하도록 하고 있으며, 노동위원회에 구제신청도 가능하는 등 이행확보수단이 마련되어 있다.

노사협의회의 논의사항에 있어서 의결사항을 불이행하는 경우에는 처벌규정이 있으나, 노사협의회의 설치목적상 이를 이유로 형사처벌까지 요구하게 되면 이미 노사협의회의 긍정적 기능은 기대하기 어려울 것이다.

이러한 제도상의 특성에 따라 기업의 경영자가 노사협의회를 단체교섭과 함께 기업내에서 주요한 두가지 집단적 의사소통의 창구로 효율적으로 활용하기 위하여는 노사협의회에서 논의된 사항을 성실히 이행하는 신뢰관계가 형성되어야 한다.

경영계획과 같은 보고사항의 경우에도 근로자들의 이해속에서 계획이 이행되도록 노사협의회에서 올바르게 의사소통을 하는 방안을 강구 할 필요가 있다.

참고사례 **노사협의회 논의사항의 범위**

근로자참여 및 협력증진에 관한 법률 제19조 협의사항 중 '근로자의 채용 · 배치 및 교육훈련에 대한 규정'은 업무에 필요한 근로자의 능력과 경력, 특정 직무에 배치해야 할 근로자의 능력과 경력, 직무의 효과적 수행을 위해 필요한 교육훈련 등에 대하여 노사협의회에서 협의하여야 할 사항을 규정한 것으로, 어떤 특정인물을 채용한다거나 특정인을 특정 직무에 배치하여야 하는 것까지를 의미하는 것은 아니라고 할 것이다(2004.4.20, 노사협력복지과-770).

(5) 최고 경영자의 적극적 참가

노사협의회는 노사의 이해를 같이하는 내용을 협의하는 제도이므로 최고 경영자가 관심을 덜 갖게 되는 경우가 발생한다. 이는 노동조합과의 단체교섭이 결렬되는 경우에는 파업과 같은 집단행동이 가능하지만, 노사협의회는 그와 같은 집단행동이나 논의결과에 대한 이행확보수단이 미약하여 최고 경영자가 소홀히 하는 경우에는 형식적으로 운영된다.

노동조합이 없는 사업장의 경우에는 근로자의 집단적인 목소리를 청취하기가 어려우므로 더욱 노사협의회를 활용하여 현장의 갈등요소와 고충상황을 이해하는 통로로 활용 할 필요가 있다.

노동조합이 있는 경우에는 단체교섭에서 다루지 못하였던 사항을 논의 할 수 있는 장이므로 최고 경영자가 적극적으로 참여하여 노사협의회를 운영하는 노력이 노사협의회 운영의 성패를 결정하게 한다.

참고사례 **근로자위원의 자격**

근로자참여 및 협력증진에 관한 법률 제6조 제1항 및 동법 시행령 제3조에 노사협의회 근로자 위원은 근로자 과반수 노조가 있는 경우 그 노동조합의 대표자와 노동조합이 위촉하는 자로 하고, 근로자 과반수 노조가 없는 경우 근로자의 직접 · 비밀 · 무기명투표에 의하여 선출한다고 규정하고 있다. 근로자의 과반수로 조직된 노동조합이 없는 상황에서 질의내용과 같이 근로자들이 직접 선출하지 않은 직장협의회 임원은 노사협의회 근로자 위원으로 볼 수 없는 바, 근로자의 직접 · 비밀 · 무기명투표에 의하여 근로자위원을 선출하여야 할 것이다(2003.11.11, 협력 68210-389).

제7절
공공부문의 노사관계와 노사관계리더십

1. 공공부문의 노사관계

(1) 공공부문 노사관계의 특징

경제 및 산업영역은 크게 시장원리에 의해 작동되는 민간부문과 국가가 소유하거나 통제권을 행사하는 공공부문으로 구분된다. 대부분의 국가에서는 공공부문 노사관계는 민간부문의 노사관계와 달리 법령의 근거에 따라 정부가 근로조건을 결정하고 노사관계에 많은 제약을 두어 왔다.

자본주의의 발달과 더불어 민간부문은 생산성이 향상되고 노사관계의 제도화도 진척됨에 따라 근로조건의 개선이 급속히 이루어져서 공공부문의 근로조건은 민간부문보다 상대적으로 열악하다는 점이 점차 부각되었다. 이에 따라 공공부문 종사자들도 민간부문 종사자들처럼 근로자로서의 권익향상을 위해 노동3권을 요구하게 되었고, 많은 선진 산업국가들에서 일정한 제약 속에서 단결권 등 노동기본권을 공공부문에 보장하게 되었다. 대부분의 선진 산업국가에서는 산업사회의 발전에 따라 공공부문이 확대되어 공공부문 노사관계가 매우 중요한 위치를 차지하고 있다. 우리나라도 공무원, 교원, 공기업이 담당하는 공공분야가 확대되고 노동권이 허용됨에 따라 공공부문 노사관계가 노사관계의 핵심으로 등장하고 있다.

공무원과 공공부문은 대체가 불가능하고 조직력과 협상력이 강력한 특징 때문에 대부분의 국가에서 별도의 노사관계를 형성하고 있는 것이 일반적인 현상이다.

첫째, 경제 · 사회적 인프라로서 공공부문이 팽창하면서 정부기능의 확대와 생산영역에 대한 국가의 개입증대 및 복지에 대한 수요의 확산에 따라 국가가 가장 거대한 사용자가 되었다. 이와 같이 국가가 가장 거대한 사용자가 되었음에도 불구하고 공공부문의 서비스는 대체재가 존재하지 않아 노동3권 중 단체행동권은 인정하지 않거나 일정한 제한을 두고 있다. 단체행동권이 인정되고 있지 않는 공무원 · 교원의 경우에 노사관계는 아직까지 정상적인 노사관계를 형성하지 못하고 있으며, 정치 및 정부정책에 의한 영향이 노사관계를 좌우하고 있는 실정이다.

둘째, 1950년대 이후 민간부문의 고용조건이 향상됨에 따라 공공부문의 고용조건이 상대적으로 유리했던 것이 상쇄되거나 역전

되면서 노조조직률이 증가하는 등 공공부문의 노사관계가 활성화되었다. 일반적으로 민간부문 조직률은 1990년대 이후 18%대에서 8%대까지 하락 추세를 지속하고 있는 반면, 공공부문 노조 조직률은 30%~70%까지 매우 높은 상태를 유지하고 있다. 공공부문의 노조조직율이 높은 것은 미국, 일본, 영국 등 선진국들의 경우에서도 공통된 현상이다. 우리나라에서도 공공부문 노동조합조직이 민간부문보다 높은 것은 조직이 크고, 사용자가 궁극적으로는 국민이어서 경영자의 공공서비스 향상에 대한 노동조합과의 관계 형성에 관한 관심과 노력이 약하거나 공기업의 경우에는 노동조합과 공존하려는 특성을 가지고 있기 때문이다.

셋째, 1997년 IMF 외환위기 이후 세계화의 물결 속에서 공공부문의 비대화와 이로 인한 비효율성과 관료주의에 따른 경직성 등의 문제를 해결하기 위한 공공부문의 경영혁신을 추진하는 과정에서 노사관계의 중요성이 더욱 부각되고 있다.

이와 같은 공공부문 노사관계의 특성으로 인하여 공공부문인 공무원, 교원, 공기업 근로자들의 노동권의 인정과 한계에 관하여 많은 논의가 있어 왔다. 우리나라의 경우에는 헌법의 규정에 따라 공무원, 교원의 경우에는 노동조합 결성권 자체가 부인되어 왔다. 또한, 공기업에 대해서도 업무의 공공성과의 조화를 모색하기 위해 노동운동에 많은 제약을 두어 왔다.

1997년 외환위기 이후 교원의 노동운동이 합법화되고, 공무원의 노동권도 2005년부터 합법화되었으며, 공기업의 노동운동도 제약이 많이 해소 되었다. 공공부문 노동기본권의 확대에 따라 노사당사자의 노사관계 대응능력도 향상되어야 하나, 아직도 공공부문의 노사관계는 노사간의 대등성조차 확보하지 못하고, 단체협약도 맺지 못하고 있는 상태에 있어 상대적으로 조직력이 강한 공공부문 노사관계가 국가의 노사관계경쟁력에 걸림돌로 작용하고 있다. 여기에 경영자에게 실질적 교섭권이 있는 것이 아니라 정부나 정치권의 직접적인 영향력의 범위 내에 있어 노사관계가 파행으로 흐르는 경우까지 발생하고 있다.

(2) 공무원의 노사관계

1) 공무원 노사관계의 의의

공무원 노사관계는 공공부문 노사관계의 한 부분으로 사용자로서 정부와 공무원 신분의 근로자 사이에 형성되는 노사관계이다. 공무원 노사관계는 생산하는 재화 및 서비스가 공공의 목적으로 제공되며 시장의 원리에 의해 분배되지 않는다. 또한 민간부문 노사관계와 달리 공무원의 신분적 지위를 규정하는 있는 국가공무원법 또는 지방공무원법의 제한을 받으며, 공무원의 근로조건이나 근로에 대한 보수 결정시 정부 예산상의 제약을 받게 된다.

2) 공무원 노사관계의 특성

공무원은 사회체계 내의 기능적 지위역할체계에서 민간부문과는 다른 특수한 신분적 지위를 갖고 있기 때문에 민간부문의 노사관계와는 다른 상이한 성격을 갖고 있다. 공무원의 노사관계에 관하여 헌법 제33조 제2항에서 "공무원인 근로자는 법률이 정하는 자에 한하여 단결권, 단체교섭권 및 단체행동권을 가진다"고 규정하고 있다. 이에 따라 "공무원의 노동조합 설립 및 운영 등에 관한 법률"이 "노동조합 및 노동관계조정법"의 특별법으로 제정되어 운영되고 있다.

첫째, 민간부문의 근로조건은 기본적으로 계약(당사자의 자주적이고 자율적 의사합치)에 의해 이루어지지만, 공무원의 근로조건의 성립과 변경은 원칙적으로 계약이 아니라 법령에 의해 결정되고 있으며, 노동시장의 일반적 메커니즘(수요와 공급에 따른 가격결정)이 작동되지 않는다는 점에서 근로조건의 규율이 특수하다.

둘째, 공무원 노조는 본질적으로 근무조건이 동일한 단일업종으로 구성되기 때문에 조직률이 높아 민간부문보다 강력한 산별조직의 속성을 띄고 있다.

셋째, 민간부문과 달리 공무원이 제공하는 행정서비스의 사용자는 국가이지만 이용자는 국민으로 공공성이 매우 높다.

넷째, 공무원 노사관계는 사용자로서의 정부와 근로자로서의 공무원이라는 양자관계에 머물지 않고 이용자로서 국민에 대한 관계가 전제되어 있어 사회적 공익성이 노사관계의 기능과 구조를 제약하고 있다.

다섯째, 공무원도 근로자이지만 노동기본권은 일반 근로자에 비해 현행법상 매우 제한되는데, 이는 공무원은 근본적으로 근로자이면서도 일반 근로자와 달리 헌법상 국민전체에 대한 봉사자로서의 지위를 함께 가지고 있는 특수한 지위에 있기 때문이다.

여섯째, 공무원 노사관계의 사용자는 이익을 목표로 하는 기업이 아닌 공익을 추구하는 정부조직(국가 또는 지방자치단체)으로 정부활동의 연속성이 침해되면 국민생활에 미치는 영향이 크기 때문에 민간기업 노사관계와 달리 노동쟁의에 따른 영향력과 파급력이 매우 커서 단체행동권을 제한한다.

일곱째, 공무원이 수행하는 업무와 처우의 적정성에 대해서는 두 당사자만의 논의나 협상으로 마무리되는 것이 아니라 일반 국민들의 관심을 수반하게 된다. 공무원노사관계에서 다루어지는 각종 현안은 국민적 관심사가 되고 사회적인 의제로 급부상하는 강한 사회성 · 정치성을 띤다.

공무원 노동조합의 목적은 민간 노동조합과 마찬가지로 공무원의 근로조건의 유지 · 향상에 있다고 할 수 있으나, 공무의 특수성 및 사회적 역할로 인하여 실제 운영 면에서 민간노동조합과 다른 특성을 갖게 된다. 따라서 공무원의 노동기본권은 민간부문의 근로자와는 다른 방식으로 보장될 수밖에 없다.

공무원의 노동조합 결성권을 보장하고, 근무조건의 유지 · 개선 기타 경제적 · 사회적 지위 향상을 위한 단체교섭 등의 활동을 허용하더라도, 국민전체에 대한 봉사자라는 공무원의 지위와 이에 따른 직무상의 특수성과 조화를 이룰 수 있도록 하는 것이 국제적인 입법경향이다. 이와 같이 공무원인 근로자의 노동3권에 대하여 별도로 규정하고 있는 것은 신분상으로 공무원은 임용주체가 주권자인 국민 또는 주민이기 때문에 국민전체에 대하여 보상하고 책임을 져야하는 특별한 지위에 있고, 직무상으로 국가 또는 공공단체의 공공적인 업무를 공정하게 수행하는 특수한 관계가 있기 때문이다. 이에 따라 공무원의 근로조건은 예산과 법률의 범위 안에서 결정되고, 경찰공무원 등 특정직 · 정무직공무원은 단결권 자체가 금지되며, 공무원노조의 경우에도 단체행동권은 금지되고 있다.

(3) 교원의 노사관계

1) 교원 노사관계의 의의

교원노동조합을 조직하거나 가입할 수 있는 자는 법에 의한 교원만이 가능하다. 교원노조법에서 "교원"이란 「초 · 중등교육법」 제19조 제1항에서 규정하고 있는 교원을 말한다. 즉, 교원노조의 설립 주체는 '초 · 중등교육법상의 교원'으로 한정되어 있다. 여기에는 기간제 교사나 보조교사, 임시직 교사 등이 포함된다.

그러나 노조법상 사용자 지위에 해당하는 학교 설립자, 경영자, 교장, 교감 등은 교원노조에 가입할 수 없다. 또한 유치원 교사와 「고등교육법」의 적용을 받는 대학교수는 교원노조의 가입대상에서 제외된다(교원노조법 제2조).

2) 교원 노사관계의 특성

교원의 노사관계는 교원의 신분뿐만 아니라 교육의 영역에 직접적인 영향을 미치며, 무엇보다도 정부를 직접적인 사용자이자 단체교섭의 당사자로 삼는다는 점에서 특성을 갖는다.

첫째, 교원은 공무원 신분이자 동시에 노동조합법에서 규정하는 근로자로서 신분을 갖는 등 이중적인 신분을 갖는다. 따라서 교원 노사관계가 갖는 첫번째 특징은 앞에서 언급한 공무원 노사관계가 갖는 주요한 특징들이 교원노사관계에도 적용된다는 점이다.

둘째, 임금이나 주요 근로조건은 민간부문과 달리 예산에 의해 결정된다는 점이다. 복무 및 근로조건의 결정에서 정치의 영역이라고 할 수 있는 관련 법령 및 정부예산이 시장을 대체한다. 이 역시 교원은 공무원이라는 특성에서 비롯된다.

교원 노사관계에서는 정부가 사용자이며 주요 근로조건이 예산에 의해 결정된다는 점에서 공무원이나 교원의 노사관계는 고유하게 '정치적'인 성격을 가진다. 이러한 성격은 단결권과 단체교섭권의 실효성을 높이기 위해서도 중요하다. 교원 노사관계의 경우 노사간에 단체협약이 체결되더라도 입법권과 예산권을 가진 국회나 지방의회에서 반대하면 단체협약의 효력은 크게 떨어지기 때문이다.

셋째, 교원은 학생을 상대로 헌법상 기본권으로 보장된 교육을 제공하는 자들이라는 점이다. 특히, 의무교육비용은 조세 등을 통하여 국민이 부담하거나 의무교육 이외의 비용은 학부모가 부담하게 된다. 이러한 점에서 교원들이 노동기본권을 행사하는 사용자는 실질적으로는 국민이 된다(헌재 2004헌바678, 2006.12.28).

이와 더불어 교원은 교육에 관한 한 '전문직 종사자'라는 성격을 가지고 예비근로자인 학생을 교육하는 위치에 있다.

이에 따라 교원은 특별시 · 광역시 · 도 · 특별자치도(이하 “시 · 도”라 함) 단위 또는 전국 단위로만 노동조합을 설립할 수 있으며, 노동조합을 설립하려는 사람은 고용노동부장관에게 설립신고서를 제출하여야 한다(교원노조법 제4조).

교원노동조합을 특별시 · 광역시 · 도 · 특별자치도 또는 전국단위로만 설립할 수 있도록 한 이유는 교원의 임금 · 근무조건 등이 법령 · 예산 등으로 법정화 되어 있어 전국적으로 통일적인 기준이 적용되고, 임용권은 시 · 도교육감이 갖고 있는 등 일반 근로자와 다른 특수성을 갖고 있기 때문이다.

교섭구조는 노동조합의 조직체계와 동일하게 임금 · 근무조건 등이 결정되는 시 · 도 또는 전국단위로 교섭하도록 하였다. 사립학교의 경우에도 국 · 공립 및 사립학교 교원의 복무 · 자격 등이 관계법에서 동일하게 결정되고 있고, 정부가 재정의 상당부분을 지원하고 있으며, 사립학교 차원에서 임의적으로 단체교섭을 통해 보수나 기타 근무조건 등을 결정할 수 없는 상황이므로, 사립학교도 국 · 공립학교와 동일하게 시 · 도 또는 전국단위로 연합하여 교섭하도록 하였다.

교원노조법 제6조에서 단체교섭 사항에 대해 “노동조합 또는 조합원의 임금 · 근무조건 · 후생복지 등 경제적 · 사회적 지위향상에 관한 사항”임을 명시하고 있다. 따라서 교원노사관계에서의 단체교섭 대상은 민간부문의 단체교섭 대상과 동일하다고 볼 수 있으나, 공무원노조법상의 단체교섭 대상과는 차이가 있다. 교원

노사관계에서의 단체교섭 대상여부는 교원의 근무조건 개선과 교원의 경제적 · 사회적 지위향상과 관련되어 있는지 여부에서 판단하여야 한다.

교원노조법에서는 교원의 노동조합에 대해 일체의 정치활동을 금지하고 있다. 즉, 노조법 및 공직선거 및 선거부정방지법의 개정에도 불구하고 교원 노동조합은 그 명의 또는 그 대표자의 명의로 특정 정당 또는 후보자를 위한 선거운동이나 정치자금 기부는 물론이고 기타 일체의 정치활동을 할 수 없다.

교원 노사 당사자는 단체교섭이 결렬된 이후 분쟁상태가 발생하더라도 노동조합은 본인들의 주장을 관철하기 위하여 쟁의행위를 할 수 없고, 교원노조법에서 정하고 있는 노동쟁의 조정 · 중재 절차 등에 의하여 해결하여야 한다.

(4) 공기업의 노사관계

1) 공기업 노사관계의 의의

우리나라의 공기업은 시장실패에 대한 보완이라는 전통적인 측면과 함께 경제개발의 수단으로서 중요한 역할을 수행해 왔다. 특히, 경제개발을 촉진하기 위해서 민간부문이 담당하기 어려운 사회간접자본시설을 건설 · 유지하고 공적 서비스를 제공하는 기능과 함께 철강 · 정유 · 비료 등 독점적 생산수단을 생산 · 공급하는 역할을 수행하였다.

현재까지도 유지되고 있는 대부분의 중요한 공기업이 경제개발을 강력히 추진하던 1960년대 중반에서 1970년대 초반에 설립된 것이다.

공기업은 정부기구의 일종인 정부기업과 기업의 형태로 운영되는 공기업으로 구분된다. 공기업은 다시 정부가 50% 이상의 지분을 소유하고 있는 정부투자기관과 50% 이하의 지분을 소유하고 있는 정부출자기관, 정부투자기관 및 출자기관의 자회사, 지방자치단체가 설립하였거나 투자한 지방공기업으로 구분된다.

2) 공기업 노사관계의 특성

우리나라의 공기업은 "공공기관 운영에 관한 법률"에 의거 기획재정부장관이 1월 공공기관운영위원회의 의결을 거쳐 고시한다. 현재 지정된 기관은 286개 기관에 예산은 413조(2009년도, 정부예산 302조)의 규모이다. 하지만, 이는 지방공기업을 제외한 것이므로 지방공기업을 포함하면 그 범위는 더욱 넓어진다.

공기업은 공중의 일상생활 및 국민경제와 밀접한 관련을 가지고 있어 대부분 공익사업에 해당하고 있어 쟁의행위는 공중에 커다란 불편을 초래하고 국민경제를 현저히 위태롭게 할 수 있다. 이에 따라 노동쟁의 조정에 관하여 공기업이 공익사업에 해당하는 경우에는 노동쟁의조정을 우선적으로 취급하고, 조정기간이 일반사업의 10일보다 5일이 긴 15일이며, 공익위원(3인)만으로 구성된 특별조정위원회에서 조정을 담당하는 등 절차상의 특별한 취급을 하고 있다.

공익사업 중 "필수공익사업"은 직권중재제도가 2008년 1월 1

일부터 폐지됨에 따라 “필수유지업무” 개념이 도입되어 일정 범위 내에서 쟁의행위가 제한되고 있다.

공기업이 필수공익사업에 해당하는 경우에는 일반사업과 달리 쟁의행위기간 중 쟁의행위로 중단 된 업무의 수행을 위하여 당해 사업과 관계없는 자를 채용 또는 대체하거나 중단된 업무를 도급 또는 하도급을 줄 수 있다. 다만, 이 경우 파업참가자 수의 100분의 50 범위 이내에서 허용된다.

“공익사업”에 해당하기 위해서는 형식적 요건과 실질적 요건을 모두 충족시켜야 한다.

형식적 요건으로는 ① 정기노선여객운수사업 및 항공운수사업, ② 수도사업, 전기사업, 가스사업, 석유정제사업 및 석유공급사업, ③ 공중위생사업, 의료사업 및 혈액공급사업, ④ 은행 및 조폐사업, ⑤ 방송 및 통신사업에 해당되어야 한다.

실질적 요건으로는 형식적 요건에 해당하는 사업 중 ① 공중의 일상생활과 밀접한 관련이 있거나, ② 쟁의행위로 인하여 국민경제에 미치는 영향이 큰 사업이어야 한다.

“필수공익사업”이라 함은 공익사업으로서 그 업무의 정지 또는 폐지가 공중의 일상생활을 현저히 위태롭게 하거나 국민경제를 현저히 저해하고 그 업무의 대체가 용이하지 않은 사업을 의미한다. 이에 해당하는 사업으로 ① 철도사업, 도시철도사업 및 항공운수사업, ② 수도사업, 전기사업, 가스사업, 석유정제사업 및 석유공급사업, ③ 병원사업 및 혈액공급사업, ④ 한국은행사업, ⑤ 통신사업이 있다.

"필수유지업무"라 함은 필수공익사업의 업무 중 그 업무가 정지되거나 폐지되는 경우 공중의 생명 · 건강 또는 신체의 안전이나 공중의 일상생활을 현저히 위태롭게 하는 업무를 말한다(제42조의 2 제1항). 따라서 필수공익사업의 모든 업무가 필수유지업무에 해당하는 것은 아니며 국민경제의 저해 여부는 필수유지업무기준에 포함되지 않는다.

필수유지업무 해당 여부는 당해 업무의 정지 · 폐지가 당해 필수공익사업이 생산 · 공급하는 서비스에 대한 일반 공중의 수요를 본질적으로 침해할 수 있느냐 여부가 핵심적 기준이다. 당해 업무자체가 최종 서비스 · 재화의 생산에 치명적인 차질을 줄 수 있다면 일단 필수유지업무로 볼 수 있다.

공기업의 경우에도 이와 같이 공익사업이나 필수공익사업에 해당하지 않는 경우에는 일반사업과 같이 노동3권이 보장된다. 다만, 공기업의 경우에는 정부지침이나 정책이 노사관계에 결정적인 영향을 미치고, 기업경영자가 전문경영인이 아니거나 경영실적도 평가하기 어려운 특성이 있어 사업의 공공성과 노동권간에 조화로운 관계의 형성이 매우 중요한 과제로 등장하고 있다.

2. 공공부문의 노사관계리더십

(1) 노동권과 공공성의 조화

공무원, 교원, 공기업의 공공부문은 민간부문에 비하여 노동권이 인정된 역사가 짧고, 공공성이라는 업무와 신분상의 특성으로 인하여 노사관계가 아직도 많은 갈등을 겪고 있다. 공공부문의 최고책임자는 정치적 상황에 따라 수시로 바뀜에 따라 사실상 노사관계의 전문성이 축적되기 어려운 상황이다. 이제 공공부문의 근로자도 일정범위에서 노동권이 보장됨에 따라 노동운동을 전개하고는 있으나 공공성이라는 제약이 있어 정상적인 노사관계의 형성에는 시간이 소요될 것으로 예상 된다.

이에 따라 공공부문의 노사는 근로조건이 대부분 예산과 법률에 규정되는 특성을 이해하고 조화롭게 노사관계를 형성하는 노력이 필요하다. 공공기관의 장은 공공서비스를 제공하는 주체가 공공부문근로자라는 인식하에 노동조합의 기능적 역할인 의사소통과 동기부여라는 조직운영상의 효율성을 제고하는 제도로 인정하는 적극적인 인사행정의 노력이 필요하다.

대부분의 기관장이 정치적 또는 행정적으로 임명되어 노사관계에 관한 전문지식이 부족하고 조직경영의 경험도 부족한 실정이므로 전문성을 지닌 부서의 보좌를 받아 공공부문의 경쟁력 향상이라는 차원에서 노사관계가 형성되도록 하여야 한다. 공공부문의 특별권력관계라는 인식에서 탈피하여 공공서비스를 강화하는 차원에서 공공부문의 근로자가 안정적으로 직무에 전념하도록 인적자원관리차원에서 노동권이 공공성과 조화되도록 하여야 한다.

참고사례 **공무원노조법상의 가입대상**

공무원 제6조 제1항의 공무원노동조합가입 범위 제한 규정은 헌법 제33조 제2항이 공무원 신분의 특수성과 수행하는 업무의 공공성을 고려하여 단결권 및 단체교섭권의 향유주체가 될 수 있는 공무원의 범위를 정하도록 하기 위하여 입법자에게 부여하고 있는 형성적 재량권의 범위를 일탈한 것이냐고 볼 수 없어 헌법위반이 아니다(헌재 2008.12.26, 2006헌마971).

(2) 적극적 노사관리의 실시

공공부문의 역할은 민간부문에 직접적인 영향을 미치게 되므로 공공부문의 노사관계는 국가와 지역의 경제, 질서, 문화 등 전반적인 시민의 생활과 직결되어 있다. 공공기관의 장은 현대의 불확실한 경제사회환경속에서 공공서비스의 질에 따라 국가경쟁력이 결정된다는 인식하에 소속근로자의 집단적 의사를 대변하는 노사관계질서를 적극적으로 형성하여야 한다.

공공부문의 기관장은 노동조합과의 단체교섭과정에 직접 참여하면서 노동조합과의 대화를 통한 공공부문근로자의 갈등과 고충을 처리하는 적극적인 노사관계관리능력을 발휘하여야 한다. 노사관계를 노사관리부서의 업무로 인식하는 노사관계관으로는 현대와 같은 지식정보화 사회의 공공기관역할에 한계를 초래하게 된다.

공공부문근로자의 고충과 갈등이 해결되지 않은 상태에서 적극적인 공공서비스를 기대한다는 것은 불가능하다. 공공부문근로자의 역할이 증대되고 있는 상황에서 관료주의형태의 조직관리 인식에서 벗어나야 한다. 공공부문근로자의 노동조합활동을 긍정적으로 활용하여 근로자의 사기앙양과 동기 부여가 이루어 지도록 하는 적극적인 노사관계리더십이 필요한 것이다.

참고사례 **공무원도 근로자에 해당**

일반적으로 말하여 공무원이란 직접 또는 간접적으로 국민에 의하여 선출 또는 임용되어 국가나 공공단체와 공법상의 근무관계를 맺고 공공적 업무를 담당하고 있는 사람들을 가리킨다고 할 수 있고, 공무원도 각종 노무의 대가로 얻는 수입에 의존하여 생활하는 사람이라는 점에서는 통상적인 의미의 근로자적인 성격을 지니고 있으므로 헌법 제33조 제2항 역시 공무원의 근로자적 성격을 인정하는 것을 전제로 규정하고 있다(헌재 1992.4.28, 90헌바27 내지34, 36내지42, 44내지46, 92헌바15).

(3) 노사관계 전문성의 향상

현대적인 무한경쟁의 세계화의 상황속에서 소속근로자의 집단적 의사를 대변하는 노사관계에 대한 전문적인 지식은 민간분야보다도 공공분야에서 더욱 필요하게 되었다. 이제는 국가의 경제주체를 노사정3자체제로 인식하면서, 공공부문이 경쟁력의 핵심으로 등장하고 있다.

공공부문에 종사하는 근로자의 역할은 국가와 기업의 경쟁력을 결정하는 핵심요소가 되었다. 이에 따라 공무원, 교원, 공기업에도 노동권이 인정되어 소속근로자의 근로조건향상과 동기부여제도로 자리 잡고 있다. 이와 같은 상황에서 공공기관의 장이 인적자원에 관한 전문적인 지식도 없이 기관을 운영하게 되는 경우에는 소속근로자는 소극적으로 감독과 규제라는 전근대적인 공공부문의 역할에 안주하게 된다.

공공부문근로자의 업무능력을 향상시키고 공공성이라는 서비스의 특성을 올바르게 발휘하도록 하기 위하여는 공공부문의 기관장이 노사관계에 관한 전문적인 지식을 가져야 한다. 공공부문기관장의 관심과 노력은 노사관계부서가 역할을 제대로 발휘하도록 하여 전문성을 보좌 할 수 있도록 하여야 할 것이다. 공공부문에서도 결국은 공공부문근로자의 창의성과 직무몰입도가 공공서비스의 질을 결정하게 되므로 공정한 인사행정이 이루어지도록 공공부문기관장의 관심과 전문성이 요구 된다.

참고사례 **교원노동조합의 근무한 기간의 성격**

교육공무원법 제44조 제1항 제11호는 '교원의 노동조합 설립 및 운영 등에 관한 법률 제5조의 규정에 의하여 노동조합 전임자로 종사하게 된 때' 에는 본인의 의사에 불구하고 휴직을 명하여야 한다고 규정하고, '교원의 노동조합 설립 및 운영 등에 관한 법률' 제5조 제1항은 "교원은 임용권자의 허가가 있는 경우에는 노동조합의 업무에만 종사할 수 있다."라고 규정하고, 제3항은 "전임자는 그 전임기간 중 봉급을 받지 못한다"고 규정하며, 국가공무원법 제73조 제1항은 "휴직 중인 공무원은 신분은 유지하나 직무에 종사하지 못한다."고 규정하고 있는바, 이들 규정을 종합하여 보면 교원의 노동조합 전임자로서의 전임기간은 구 법 제60조 제2항 및 제3항의 '교육경력'에 포함되지 않는 것으로 봄이 상당하고, 이러한 해석이 '교원의 노동조합 설립 및 운영 등에 관한 법률' 제5조 제4항의 "전임자는 그 전임기간 중 전임자임을 이유로 승급 기타 신분상의 불이익을 받지 아니한다."는 규정 또는 근무성적평정을 함에 있어 위와 같은 휴직기간을 재직기간에 포함시켜 평정하고 있는 '교육공무원 승진규정'과 모순 · 저촉되는 것이라고는 할 수 없다(대법 2009.2.26, 2008우26).

(4) 정치적 영향력의 배제

공공부문의 특성상 정치적 상황에 따라 공공부문의 조직질서는 급격히 변화하게 된다. 공공부문의 조직질서를 안정시키기 위하여 관계 법률로 직업공무원제도나 신분보호 장치를 두고는 있으나 실제적으로는 직접적으로 정치상황의 영향을 받는 것이 공공부문의 현실이다.

공무원이나 교원의 경우에도 기관장이 선거나 임용에 의해 바뀌게 되면 조직전체의 질서가 변화하게 된다. 특히, 선거나 임용에 의해 기관장이 교체되면 기관의 목표까지도 영향을 받는 상황이므로 정치적 중립을 지켜야 할 공공부문의 근로자들도 간접적으로 영향을 받을 수밖에 없다.

공공부문의 특성을 감안하는 경우에도 공공부문의 정치적 중립을 법률상 요구하고 있으면서 사실상으로는 정치적 영향력의 범위 내에 공공부문의 노사관계가 위치하고 있다.

공공부문기관장은 이와 같은 상황을 인식하고 공공성의 확보라는 차원에서 공공부문의 근로자가 안정되게 근무할 수 있도록 최대한의 노력을 기울여야 한다.

공공부문근로자가 정치적 영향력의 범위 내에 있는 경우에는 어쩔 수 없이 공공부문의 근로자도 정치적 행위에 개입하지 않을 수 없는 것이므로 공공부문의 경쟁력 향상이라는 측면에서 노사관계 질서가 형성되어 정치적 영향력이 배제되어야 한다.

참고사례 **교원의 정치활동 제한은 합헌**

정당법 제6조 제1호가 초·중등학교 교원의 정당가입 및 선거운동의 자유를 금지함으로써 정치적 기본권을 제한하는 측면이 있는 것은 사실이나, 공무원의 정치적 중립성 등을 규정한 헌법 제7조 제1항·제2항, 교육의 정치적 중립성을 규정한 헌법 제31조 제4항의 규정취지에 비추어 보면, 감수성과 모방성 그리고 수용성이 왕성한 초·중등학교 학생들에게 교원이 미치는 영향은 매우 크고, 교원의 활동은 근무시간 내외를 불문하고 학생들의 인격 및 기본생활습관 형성 등에 중요한 영향을 끼치는 잠재적 교육과정의 일부분인 점을 고려하고, 교원의 정치활동은 교육수혜자인 학생의 입장에서는 수업권의 침해로 받아들여질 수 있다는 점에서 현 시점에서는 국민의 교육기본권을 더욱 보장함으로써 얻을 수 있는 공익을 우선시해야 할 것이라는 점 등을 종합적으로 감안할 때, 초·중등학교 교육공무원의 정당가입 및 선거운동의 자유를 제한하는 것은 헌법적으로 정당화될 수 있다(헌재 2004.3.25, 2006헌마710).

(5) 직장협의회와의 조화

공공부문은 현재 직장협의회와 노동조합이 공존하고 있다. 민간부문에서 노동조합과 노사협의회가 의사소통의 통로로 제도화 되어 있는 것과 같은 상황이다. 공무원의 직장협의회는 노동조합이 허용되기 이전인 1998년에 "공무원직장협의회법"에 따라 제도화 되었다.

공공기관의 장은 집단적 노사관계의 장으로 두가지 제도를 적절히 활용하여 소속근로자와의 대화를 모색할 수 있을 것이다. 노동조합과는 소속근로자와의 근로조건 등을 단체교섭과정을 통하여 결정하고, 직장협의회와는 공공서비스향상방안 등을 협의하는 창구로 활용이 가능 할 것이다. 일반적으로는 두 제도의 대표가 중첩 될 것이므로 공공기관의 장은 대상에 따라 논의 대상을 적절히 배분하여 인사관리의 방안으로 활용하는 것이 바람직하다.

참고사례 **공무원노동조합의 의미**

공노법상 단결권, 단체교섭권, 단체행동권의 주체가 될 수 있는 노동조합은 행정부임으로 행정부 노동조합 지부는 독자적으로 단결권의 주체가 될 수 없다(헌재 2008.12.26, 2006헌마198).

제4장

노동조합이 없는 기업의 전략적 노사관계리더십

제1절 노동조합이 없는 기업의 노사관계 특징

제2절 노동조합이 없는 기업의 노사관계 리더십

제1절
노동조합이 없는 기업의 노사관계 특징

우리나라의 기업은 150만여개로 이 중 97%에 해당하는 기업이 30인 미만의 근로자를 고용하고 있다. 우리나라는 노동조합이 기업별로 운영되고 있어 집단적으로 의사를 표현 할 필요가 있고 조직의 체계를 이룰 수 있는 300인 이상의 대기업위주로 노동조합 활동이 이루어지고 있는 것이 현실이다.

이에 따라 2010년 말 현재 1700만명의 근로자중 노동조합을 조직 할 자격이 있는 근로자의 10.1%인 164만명만이 노동조합에 가입하여 활동하고 있다. 노동조합에 가입하고 있는 근로자의 83.5%에 해당하는 137만명이 300인 이상의 노동조합에 소속되어 있다.

우리나라에서 대기업으로 분류되는 300인 이상의 기업은 2,400

여개로 전체근로자의 10% 내외에 불과한 190만여명만이 대기업에서 근무하고 있다. 이들 대기업 중 70% 내외의 기업에 노동조합이 조직되어 헌법상 보장된 기본적 인권인 노동3권을 향유하고 있다. 결과적으로 우리나라 기업의 99%에 해당하는 중소규모기업에 종사하는 근로자 1,500만명은 현대 산업사회에서 헌법상 보장되어 있는 노동기본권조차 향유하지 못하고 있는 실정이다.

이들 근로자의 노동3권은 사실상 자주적으로 선택하여 향유 할 권리가 있으나, 기업이 근로조건을 높게 유지하면서 무노조경영을 하는 경우도 있고, 대부분은 영세 중소규모기업으로 노동조합을 조직 할 수 없는 한계기업이거나 또는 노동조합을 조직하기에는 지나치게 소수여서 노동조합을 조직할 수 없는 경우이다.

이러한 이유로 현재 대기업의 정규직 위주의 노동운동은 "그들만의 운동"이라는 비난을 받고 있는 것도 사실이다. 이에 따라 사회적으로 균형과 형평에 기여하지 못하고 집단적 이기주의나 일부 노동운동가의 정치적 목적으로 변질되고 있다면서 사회적으로 그 역할의 한계가 지적되고 있다.

이와 같은 비판에도 불구하고 노사관계가 기업과 국가 및 가계의 경쟁력을 결정하는 핵심요소로 대두되고 있는 것은 대기업의 노사관계 관리를 통한 인적자원경쟁력이 대부분 이들 기업과 연계가 되어 있는 중소규모기업의 생존 및 발전과도 직접적인 관계가 있기 때문이다. 즉, 건설업의 경우에도 1개의 원청업체가 파산하면 150여개의 하청업체가 영향을 받는 실정이다.

노동조합이 없는 기업 중 대기업이나 중소우량기업은 경영자가 의도적으로 정교하고 우수한 인적자원관리제도를 운영하여 노조회피전략을 추구하는 철학적 무노조경영(philosophy-laden nonunion management)을 선택하기도 한다. 하지만, 대부분의 중소규모기업은 영세하여 기업경영자가 자금관리, 생산관리, 인적자원관리, 마케팅, 노사관계관리와 같은 경영전반을 담당하면서 노사관리조직도 제대로 갖추지 못한 상황에서 사람이 경쟁력인 지식정보화시대에서 경쟁력을 갖추어야 하는 상황이다. 이들 기업은 노사관리의 혁신이나 효율성을 추구하는 체계를 형성하지도 못하면서 기본적인 노동관계법(2,000여 페이지에 달함)조차 알지 못하여 많은 경영자가 형사처벌까지 당하는 사례가 비일 비재한 실정이다. 이러한 측면에서 개별기업뿐만 아니라 사업주단체, 상급노동단체, 정부도 이들 기업의 경쟁력을 강화시키기 위한 인적자원경영을 지원하는 체계를 형성 할 필요가 있다.

현재 일자리 창출은 대기업에서는 오히려 줄고 있고 중소우량기업을 중심으로 이루어지고 있다. 지난 10년간(1999~2009)에 중소규모기업에는 828만명의 근로자에서 1,175만명의 근로자가 근무하여 347만개의 일자리를 창출된 반면, 대기업에는 214만명에서 165만명으로 오히려 49만명의 근로자가 감소하였다. 주요 외국에서도 대기업보다는 우량 중소기업에서 괜찮은 일자리(decent work)가 창출되는 추세인 점을 감안하면 노동조합이 없는 중소기업의 노동생산성을 향상시키는 정책이 자본주의 4.0시대에서 균형성장의 핵심동력으로 작용할 것이다.

제2절
노동조합이 없는 기업의 노사관계 리더십

노동조합이 없는 기업에서도 경영환경은 마찬가지이다. 따라서 지식근로자의 창의성을 이끌어 내고 일자리를 확보하면서 기업이 발전하기 위하여는 노동조합이 있는 기업과 같은 인적자원관리체계를 형성하여야 한다. 기본적으로는 노동조합이 있는 기업의 경영과 유사한 상황이나 근로자의 목소리를 대변하여 참여와 혁신에 동참하도록 하는 체계의 확립이 필요하다.

단기적으로는 노동조합이라는 근로자단체가 없어서 경영이 용이 할 수도 있을 것이나, 중장기적으로는 지식정보화 사회에서 근로자의 사기를 진작시키지 못하게 되면 경쟁력은 약화 될 수밖에 없을 것이다. 이러한 측면에서 일단 30인 이상의 기업은 "근로자의 참여 및 협력증진에 관한 법률"에 설치가 의무화 되어 있는 노사협의회를 효율적으로 활용하는 방안이 일차적으로 중요 할 것이다. 노사협의회의 설치가 의무화 되어 있지 않은 30인 미만의 기업에서는 기업경영자가 체계적인 노사관계와 인간관계의 형성, 의사소통, 공정한 보상체계 등을 통한 인적자원관리가 더욱 요구되고 있다.

1. 공정한 노사관계질서의 확립

노동조합이 없는 기업에서의 노사관계는 근로자 개인이나 노사협의회와 같은 통로를 통하여 노사관계질서가 형성된다. 경영자는 노동조합이 없는 경우에도 개별적 또는 집단적으로 인적자원 관리 차원에서 기업의 노사관계경쟁력을 강화하여야만 임금 등의 근로조건을 향상시키면서 기업발전을 이끌어 낼 수 있는 것이다.

노동조합이 없는 기업이 영세하여 생산성이 낮아 근로조건이 전반적으로 낮은 경우에도 사무직과 생산직, 정규직과 비정규직 등의 전체 근로자에게 합리적이지 않은 불공정한 처우는 노사갈등의 원인으로 작용한다. 이와 같은 갈등을 예방하기 위하여는 공정한 인사 및 평가보상제도를 시행하여 상대적인 불만이 발생하지 않도록 예방하여야 한다.

노동조합이 없는 경우에는 산업현장의 갈등이 현재화 되기 어려우므로 원활한 의사소통 통로를 마련하여 종업원의 의견을 수렴하는 노력이 필요하다.

현재 "근로자의 참여 및 협력증진에 관한 법률"의 규정에 따라

30인 이상의 기업에는 노사협의회를 설치하여 적어도 분기별 1회 이상 회의를 갖도록 의무화하고 있으므로 적극적으로 노사협의회를 활용하여 경영상황이나 고충을 보고, 협의, 결정하는 것이 바람직하다. 대부분의 30인 미만기업에서는 제도적인 조직이 없어도 경영자가 적극적으로 근로자들과 의사소통을 하는 감성경영이 가능하므로 중소기업의 경쟁력 강화는 경영자의 공정한 신뢰관계 형성이 중요하게 작용한다.

중소규모기업의 특징은 의사소통이 용이하다는 특징을 가지고 있으므로 기업경영자의 의지에 따라 근로조건이 상대적으로 낮은 경우에도 공정한 대우와 원활한 의사소통은 종업원이 조직에 몰입하도록 하는 동력이 될 것이다.

참고사례 **합리적인 사유 없는 남녀차별의 금지**

남녀고용평등법 제8조 제1항, 제2조의2 제1항은 사업주가 근로자의 정년 및 해고에 관하여 여성인 것을 이유로 합리적 이유없이 남성과 차별하는 것을 금지하고 있고, 근로기준법 제5조는 사용자는 근로자에 대하여 남녀의 차별적 대우를 하지 못하며 국적, 신앙 또는 사회적 신분을 이유로 하여 근로조건에 대한 차별적 처우를 하지 못한다고 규정하고 있는 바, 근로기준법 제5조에서 말하는 남녀의 차별적 대우란 합리적인 이유없이 남성 또는 여성이라는 이유만으로 부당하게 차별대우하는 것을 의미한다(대법 1988.12.27, 85다카657).

동일가치노동에 대한 동일임금의 지급

동일가치노동 동일임금의 원칙에서 말하는 동일가치노동이라 함은 당해 사업장 내의 서로 비교되는 남녀간의 노동이 동일하거나 실질적으로 거의 같은 성질의 노동 또는 그 직무가 다소 다르더라도 객관적인 직무평가 등에 의하여 본질적으로 동일한 가치가 있다고 인정되는 노동에 해당하는 것을 말한다. 동일가치의 노동인지 여부는 고평법 제8조 제2항에 따라 직무수행에서 요구되는 기술, 노력, 책임 및 작업조건을 비롯하여 근로자의 학력 · 경력 · 근속연수 등의 기준을 종합적으로 고려하여 판단하여야 한다(대법 2003.3.14, 2002도 3883).

2. 고용안정성의 유지

노동조합이 조직되어 있는 경우에는 단체협약으로 고용의 안정성을 유지하는 체계를 갖추는 것이 일반적이나, 노동조합이 없는 경우에는 이러한 장치가 마련되지 않아 고용불안을 느끼기 쉽게 된다. 고용의 안정이 노사관계의 핵심으로 떠오르고 있는 현재와 같은 노사관계 상황에서 고용불안에 대한 완충장치와 기업경영자의 의지를 근로자들에게 알려주는 것이 노동조합이 없는 기업에서 생산적 노사관계질서의 정립을 위해 필요하다.

경영자가 기업경영 상황을 설명하는 기회에 고용안정에 대한 방침을 설명하여 근로자들이 안정적 분위기에서 업무에 전념하도록 하여야 한다. 기업경영의 과정 속에서 불가피하게 인력감축이 필요하게 되는 경우에는 사전에 경영 설명시 회사상황을 알려서 충분히 대비하고 회사의 자구계획을 공개하는 노력이 필요하다. 인력감축을 실시하는 경우에도 신규채용중지, 자연감소인력의 충원중지, 업무공유(work sharing), 교육훈련의 실시 등 정리해고를 최소화하기 위한 노력을 충분히 알리는 것이 필요하다.

이와 같은 회사의 고용안정방침을 제대로 근로자들이 인식하지 못하게 되는 경우에는 근로자들의 직무 몰입도가 낮아져 경쟁력에 영향을 미치거나, 새로운 노동조합을 조직하는 대응방안을 강구하게 되는 것이다.

참고사례 **사업의 양도와 고용승계의 원칙**

영업의 양도라 함은 일정한 영업목적에 의하여 조직화된 업체, 즉, 인적 · 물적 조직을 그 동일성은 유지하면서 일체로서 이전하는 것으로서 영업의 일부만의 양도도 가능하고, 이러한 영업양도가 이루어진 경우에는 원칙적으로 해당 근로자들의 근로관계가 양수하는 기업에 포괄적으로 승계되는 바, 여기서 영업의 동일성 여부는 일반 사회 관념에 의하여 결정되어져야 할 사실인정의 문제이기는 하지만, 문제의 행위(양도계약관계)가 영업의 양도로 인정되느냐 안 되느냐는 단지 어떠한 영업재산이 어느 정도로 이전되어 있는가에 의하여 결정되어져야 하는 것이 아니고 거기에 종래의 영업조직이 유지되어 그 조직이 전부 또는 일부로서 기능할 수 있는가에 의하여 결정되어져야 하는 것이다(대법 2002.3.29, 2000두8455).

3. 의사소통 체계의 구축

노동조합이 조직되지 않는 경우에는 근로자들의 집단의사에 대한 대변통로가 없다. 기업경영에 편리한 측면도 있지만 지식정보화시대에서 지식근로자들의 참여와 직무 몰입도를 높여 기업의 경쟁력을 향상시키기 위하여는 현장의 목소리가 경영자에게 전달되고 환류되는 체계의 구축이 필요하다.

이러한 기업의 경영자는 인적자원의 효율화와 노동생산성의 증대라는 차원에서 대체적인 의사전달통로(alternative voice mechanism)를 구축하는 것이 필요하다. 노동조합이 조직되어 있는 경우에는 조합원의 입장을 대변하는 역할을 노동조합의 집행부가 할 것이다. 반면, 노동조합이 없는 경우에는 현장의 갈등이 잠재되어 있다가 이직, 내부갈등, 사기저하와 같은 형태로 분출되게 된다.

이에 따라 노동조합이 없는 기업은 노사협의회, 간담회, 경영설명회, 교육훈련과 같은 다양한 의사소통체계를 구축하여야 한다. 산업현장에서의 의사소통은 관리감독자의 몫이므로 중간관리자가 자신의 몫을 제대로 수행하도록 책임과 의무를 확실히 부여하여야 한다.

참고사례 **한국인포데이터(주) : 다양한 의사소통 체계**

한국인포데이터(주)는 2001년 KT로부터 "114번호 안내사업"을 위탁 운영하는 5,000여명의 직원으로 구성된 회사로 종업원지주제가 정착되어(회사주식의 89%를 소유) 있어 노사간 상호신뢰에 바탕을 둔 현장중심의 경영을 강조하고 있다.

이 회사는 노동조합 없이 노사협의회에서 노사관계질서를 형성하여 가고 있다. 이와 같은 배경에는 2001년의 분사과정에서 심각한 노사갈등을 겪어 노사 상호간에 심각한 피해를 경험하였기 때문이다. 이에 따라 노동조합을 통한 투쟁보다는 노사협의회에서의 적극적인 의사소통이 노사 모두에게 바람직한 노사질서의 틀이라는 것을 인식하였다.

기업경영자는 전국을 순회하면서 근로자들과 직접적인 대화를 실시하고, 인터넷상으로는 경영자와의 직접적인 의사소통이 가능하도록 "E-좋은 만남", 업무혁신방, 자유토론방을 운영하고 있다. 특히, 여성근로자가 대부분인 기업의 특성상 감성경영을 실천하면서 현장의 고충을 즉시 처리하는 노사관계체계를 형성하여 갈등이 즉시 현장에서 해소 될 수 있도록 체계화 하고 있다.

이러한 노사협의회 중심의 생산적인 노사관계질서 형성으로 같은 업종의 기업보다 높지 않은 임금수준임에도 불구하고 잘 정비된 의사전달과 갈등해소체계, 복리후생제도, 상하간의 유대감과 같은 관계중심적인 노사관계질서가 직원들의 업무몰입도를 높여 이직율도 매우 낮은 기업으로 성장하였다. 이러한 노사협의회 중심의 생산적 노사관계는 분사 이전의 고질적인 적자기업에서, 분사 이후에는 당기순이익이 2004년에는 119억원, 2005년에는 1,579억원, 2007년에는 1,927억원으로 상승하는 흑자 기업으로 전환하였다.

4. 인적자원육성체계의 확립

노동조합이 없는 기업의 경우에는 근로자에게 스스로를 계발하여 지식근로자로 경쟁력을 확보하고 자아실현을 통해 기업경쟁력에 이바지 할 수 있도록 다양한 생애학습체계를 지원하는 것이 인적자원관리와 노사관계질서의 구축 차원에서 필요하다. 인적자원육성체계의 확립은 근로자들의 발전을 지향하고 자발적으로 기업이 추구하는 인재로 성장하는 계기가 된다.

인적자원육성체계를 구축하여 운영하게 되면 근로자들의 생산성이 향상될 것이다. 생산성 향상의 결과에 대해 공정한 보상이 이루어지도록 체계화하여 선순환적 직업훈련체계가 형성되도록 하여야 한다. 인적자원육성체계는 직무능력분야에서는 다기능 근로자로 육성하는 것이 필요하다. 나아가 인성개발, 의식변화, 조직문화 혁신과 같은 다양한 프로그램을 운영할 필요가 있다.

노동조합이 없는 경우에는 근로자 개인이 스스로 성장이 가능하도록 하는 교육훈련체계가 더욱 중요한 이유는 인적자원육성체계를 통하여 조직에 대한 충성도와 몰입도가 향상되는 계기로 작용하기 때문이다. 현대 산업사회에서 교육훈련은 비용이 아니라 투자로 인식되는 것도 이와 같은 역할 때문인 것이다.

참고사례 삼성중공업 : 지식근로자 육성

삼성중공업의 핵심가치 중의 하나는 "인재제일주의"로 경영능력향상, 직무훈련, 정보화 및 주제화 교육 등의 다양한 교육훈련체계를 형성하고 있다.

삼성중공업 교육훈련프로그램의 특징은 품질과 안전을 중시하고 있는 것이다. 품질교육은 2003년 하반기 이후 6시그마운동으로 확대되었다. 안전교육은 산업안전이 조선업의 세계화의 경쟁력 확보를 위한 이슈로 등장함에 따라 꾸준히 강화하고 있다

삼성중공업 교육훈련체계의 또다른 특징은 생산직 사원을 지식근로자로 육성하기 위한 현장 OJT와 고등학교를 졸업한 기능직 사원에게 대학과 협조하여 조선공학관련 2년과정의 전문학사 프로그램을 운영하고 있는 것이다. 이 프로그램을 이수한 우수한 인력을 대상으로 대학학사과정에 편입하여 학사과정을 이수하도록 하고있다. 최근에는 학사과정을 이수한 사원에게 MBA과정까지의 지원을 모색하고 있다.

삼성중공업은 이와 같은 교육훈련을 받지 않은 직원은 승진 대상자에서 제외하도록 인사체계와 연계하여 교육훈련의 내실화를 도모하고 있다. 현재 임직원들은 연평균 3.5회 이상의 교육과정을 이수하고 1인당 16일(130시간)이상의 교육훈련 혜택을 받고있다.

5. 근로자의 경영참여 분위기 조성

노동조합이 있는 경우에는 단체협약으로 근로자의 다양한 경영참여가 이루어진다. 노동조합이 없는 경우에는 이와 같이 노동조합이 주도하는 경영참여제도가 없으므로 경영자가 주도하여 근로자의 창조적 능력을 최대한 발휘 할 수 있는 기업문화를 조성하는 것이 근로자들의 직무몰입도 향상에 기여하게 된다.

근로자들의 경영참여는 생산성의 향상뿐만 아니라 만족한 직장생활을 이끌어 내게 되므로 사기진작의 수단이 되기도 한다. 경영참여를 통하여 일체감을 형성하고 노사관계질서를 정립하면서 생산성도 향상시키는 계기가 된다.

노동조합이 없는 기업에서 경영자가 주도적으로 경영참여를 유도하게 되면 궁극적으로 노사관계에 긍정적 결과를 가져오게 되는 무형의 결과물이 창출되는 것이다. 노사관리부서는 현장의 중간경영자인 관리감독자와 긴밀히 연계하여 생산성 향상에 근로자가 참여하는 조직질서를 형성하는 노력이 더욱 필요하다.

참고사례 **미국 SAS사 : 종업원 만족의 경영**

소프트웨어기업인 SAS사는 "포춘"에서 선정한 일하기 좋은 상위 10개사 중 하나의 회사로 노동조합이 없이 경영하고 있다. SAS사의 창업자인 짐 굿나잇(Jim Goodnight)은 직원만족에서 고객만족이 가능하다는 신념하에 복리후생, 노사간의 신뢰, 상호존중의 조직문화를 형성하였다.

일반적으로 소프트업계에서는 단기의 결과를 중시하는 분위기임에도 불구하고 SAS사는 장기적인 측면에서 인적자원관리를 시행하여 종업원의 직무몰입, 품질경영, 자율경영을 실천하고 있다. 종업원의 프라이버시를 존중하기 위해 개인사무공간을 제공하고, 쾌적한 근무환경의 조성을 위하여 의료 및 체육시설, 육아시설, 식당 등 다양한 편의 시설도 운영하고 있다.

모든 교육과 훈련은 직원이 자율적으로 선택 할 수 있도록 하고 있고, 실적평가도 상급자와의 면담을 통하여 비공식적으로 진행한다. 또한, SAS사는 전 직원을 정규직으로 고용하고 아웃소싱과 임시직의 채용을 최대한 회피하고 있다.

소프트웨어산업의 특성상 최신 기술과 급속한 변화에 대응하기 위하여는 효율성 못지 않게 혁신과 품질개선을 위한 기업과 구성원 사이의 신뢰가 장기적인 회사 발전에 도움이 된다는 것이다.

제5장 ●●●

새로운 노사관계제도의 시행과 전략적 노사관계리더십

제1절 노동조합의 전임자와 근로시간면제제도

제2절 사업(사업장)단위의 복수노조허용과 교섭창구의 단일화

제3절 필수공익사업의 쟁의행위 제한

제1절
노동조합의 전임자와 근로시간면제제도

1. 노동조합 전임자

(1) 의 의

'노조전임자'란 단체협약 또는 사용자의 동의를 얻어 근로계약 소정의 근로를 제공하지 않고 노동조합의 업무에만 종사하는 자를 말한다(노조법 제24조 제1항). 근로시간면제제도 시행에도 불구하고 노동조합은 노사간 자율적인 합의 등을 통해 사용자가 급여를 부담하지 않는 노조전임자를 둘 수 있다.

노조전임자는 소정의 근로 전체를 제공하지 않는 '상시전임'과 근로의 일부를 제공하지 않는 '부분전임'으로 나뉜다. 노조전임자제도는 노조법 제24조 제4항의 근로시간면제제도와의 관계하에 노사가 자율적으로 합의하여 전임자 수 등을 정할 수 있다. 사용자는 전임자의 정당한 노동조합 활동을 제한해서는 안 된다(노조법 제24조 제3항).

(2) 전임자의 법적 지위와 처우

1) 전임자의 지위

사용자가 일정 수의 노조전임자를 두는데 동의하였다면 사용자는 노사간 정한 기준과 절차에 따라 노동조합 전임자로 인사조치하는 것이 필요하며, 방법은 무급휴직과 같이 회사의 취업규칙 등 내부규정에 따르는 것이 바람직하다. 전임자는 근로제공 의무가 면제된 상태이나 근로관계는 유지되고 있으므로, 사회보험과 같은 기본적 보호사항에 대해서는 정상적인 근로를 제공하는 일반근로자와 같은 권리 · 의무를 갖는다.

2) 전임자 급여

전임자는 그 전임기간 동안 사용자로부터 어떠한 급여도 지급받아서는 안된다(노조법 제24조 제2항). 이러한 전임자 급여지급 금지조항은 당초 1996년 제정된 노동조합법에 처음으로 규정된 후 몇 차례 유예되어 오다가 2010년 7월 1일부터 시행되었다. 전임자에게 급여를 지원하는 행위는 노동조합에 대한 경비원조에 해당되어 부당노동행위에 해당한다(노조법 제81조 제4호). 노동조합은 전임자 급여지급을 요구하고 이를 관철할 목적으로 쟁의행위를 할 수 없다(노조법 제24조 제5항).

전임자에게 지급이 금지되는 급여에는 임금에 해당하는 금품 외에 복리후생적 금품, 상여금, 연차휴가수당 등도 포함되며, 휴직자에게 지급되는 급여와 고용보험료 등 사용자측이 부담하는 보험료 등은 지급금지대상에 포함되지 않는다.

2. 근로시간면제제도(time-off)

(1) 의 의

2010년 7월 1일자로 사용자에 의한 노조전임자급여지급이 전면 금지되면서 그 대안으로 근로시간면제제도를 도입하여 시행하고 있다. '(유급)근로시간면제제도'란 일정한 노동조합 활동시간을 임금손실 없이 근로시간으로 인정해 주는 제도를 말하며, '(유급)근로시간면제자'란 노조법에서 인정된 근로시간 면제대상 업무를 수행하기 위해 미리 지정된 조합원을 말한다.

노조법 제24조 제4항에서는 '단체협약으로 정하거나 사용자가 동의하는 경우에는 사업 또는 사업장별로 조합원 수 등을 고려하여 제24조의2에 따라 결정된 근로시간 면제한도를 초과하지 아니하는 범위에서 근로자는 임금의 손실 없이 사용자와의 협의 · 교섭, 고충처리, 산업안전활동 등 이 법 또는 다른 법률에서 정하는 업무와 건전한 노사관계 발전을 위한 노동조합의 유지 · 관리업무를 할 수 있다.' 라고 규정하고 있다.

그동안 다른 노동관계 법령에 근로시간면제 근거가 개별적으로 규정되어 있었으나 제대로 활용되지 않던 것을 노조법 개정을 통해 구체화한 것이다. 근로시간면제제도는 기본적으로 노사공동의 이해관계에 속하는 노동조합 활동에 한해 유급처리를 인정하는 제도로서, ILO(협약 제135호, 권고 제143호) 및 선진국에서 일반화되어 있는 제도이다.

(2) 도입배경

노조전임자 급여는 노동조합에서 부담하는 것이 당연함에도 그동안 우리나라는 관행적으로 사용자가 지급해 온 불합리한 관행이 만연해 있었다. 1997년 노조법에 노조전임자 급여지급금지규정을 처음 도입한 이후 3차례에 걸쳐 13년간 유예하면서 노사 자율로 전임자를 축소하도록 하였으나 오히려 전임자 수가 계속 증가하였다.

이에 따라 노사 공동의 건전한 노조활동을 보장하면서 불합리한 노조전임 관행을 개선하기 위해 2009년 12월 4일 노 · 사 · 정 합의를 통해 근로시간면제제도를 도입하였다.

(3) 노조전임제도와의 상호관계

노조법은 노조활동 보장에 있어서 '노조전임제도' 와 '근로시간면제제도' 를 병행하고 있는데, 두 제도는 근로계약상의 업무를 수행하지 않고 노동관계업무를 수행하는 공통점을 가지고 있으나 그 성격은 다르다. '노조전임자' 는 노동조합업무에만 종사하는 자로서 사용자의 급여지급이 금지되며, 이들의 업무범위와 인원수는 노사가 자율적으로 정할 수 있으나 급여는 노조 자체 재정에서 부담하는 것이 원칙이다.

'근로시간면제자' 는 정해진 시간 내에서 근무를 면제받고 노조법에 규정된 근로시간면제대상에 속하는 업무를 수행할 수 있도록 지정된 자로, 이러한 근로시간면제자의 활동에 대해서만 유급처리가 가능하다.

즉, 개정 노조법은 노사가 합의하는 경우 노조전임자를 둘 수 있도록 하되 사용자의 급여지급은 금지하고 노동조합이 스스로 부담하도록 하면서, 기존 노조전임자와는 별도로 교섭 · 협의, 고충처리, 산업안전활동 등 개정 노조법이 정한 소정의 활동에 대해 임금의 손실 없이 그 활동을 할 수 있도록 하는 새로운 제도를 도입한 것이다. 개정 노조법에서 정한 소정의 업무를 벗어난 활동에 대해서는 근로시간면제제도가 적용되는 것이 아니다.

노조전임제도와 근로시간면제제도 비교

구 분	노조전임제도	근로시간면제제도
근 거	노조법 제24조 제1항, 제2항	노조법 제24조 제4항
업무범위	제한 없음 (노사가 자율적으로 결정)	– 사용자와의 협의 · 교섭, 고충처리, 산업안전활동 등 이 법 또는 다른 법률에서 정하는 업무 – 건전한 노사관계 발전을 위한 노동조합의 유지 · 관리업무
급여지급	무 급 (급여지급은 부당노동행위)	근로시간면제 한도 내에서 유급처리 가능
인원 수	제한없음 (노사가 자율적으로 결정)	근로시간면제 한도 내에서 결정
대상자의 신분	휴직상태로 해석	휴직이 아님

자료 : 고용노동부, 근로시간면제한도적용 매뉴얼, 2010. 6, p.5

(4) 근로시간면제한도 적용원칙

개별 사업장에서 근로시간면제제도를 효율적으로 활용하기 위해 [표]의 근로시간면제 한도(노동부고시 제2010-39호) 내에서 노사가 협의하여 총 사용시간과 사용인원을 확정해야 한다. 노사는 근로시간면제 사용인원에 대한 선정기준 · 절차 등을 정하고, 노동조합은 사용자에게 확정된 대상자 명단을 사전에 통보해야 한다.

사용자와의 교섭 · 협의, 고충처리, 산업안전활동 등 노조법 또는 다른 법률에서 정하는 업무와 건전한 노사관계 발전을 위한 노동조합의 유지 · 관리업무는 근로시간면제자가 반드시 우선적으로 수행해야 한다. 근로시간면제자가 근로시간 중에 위에 규정된 업무 이외의 업무를 하는 경우, 해당업무 수행시간에 대하여는 원칙적으로 급여를 지급받을 수 없다.

조합원 규모는 사업 또는 사업장의 전체 조합원 수를 기준으로 한다. 이는 시간한도 및 사용인원 설정에 있어서 대규모 노조에 비해 중소규모 노조의 구간한도를 더 세분화 하였는바, 이는 대규모 노조에 비해 상대적으로 취약한 소규모 노조의 재정상황을 고려한 조치로 판단된다.

고용노동부장관은 근로시간면제심의위원회가 심의 · 의결한 근로시간면제 한도를 최초로 적용하게 되는 점을 고려하여 지역적 분포, 교대제 근로 등 사업장 특성에 따른 시행상황을 점검하고, 근로시간면제심의위원회에 근로시간면제 한도의 적정성 여부를 심의하도록 요청할 수 있다.

근로시간면제시간 한도

조합원 규모	시간 한도
50명 미만	최대 1,000시간 이내
50명~99명	최대 2,000시간 이내
100명~199명	최대 3,000시간 이내
200명~299명	최대 4,000시간 이내
300명~499명	최대 5,000시간 이내
500명~999명	최대 6,000시간 이내
1,000명~2,999명	최대 10,000시간 이내
3,000명~4,999명	최대 14,000시간 이내
5,000명~9,999명	최대 22,000시간 이내
10,000명~14,999명	최대 28,000시간 이내
15,000명 이상	2012년 6월 30일까지:28,000시간+매 3,000명마다 2,000시간씩 추가한 시간 이내
	2012년 7월 1일 이후:최대 36,000시간 이내

자료 : 고용노동부 고시 제2010-39호(2010.5.14)

1) 시간한도

노사당사자는 조합원 규모별로 정해진 근로시간면제한도를 초과하지 않는 범위 내에서 단체협약 또는 사용자의 동의하에 자율적으로 근로시간면제 시간 및 인원을 정해야 한다. 시간한도는 연간단위로 사용할 수 있는 최대시간인데, 면제대상자에 대해 시간한도를 연간단위로 정하더라도 노무관리를 위하여 1일 및 1주단위의 면제시간을 정할 필요가 있다.

1일 또는 1주 단위의 면제근로시간은 법정근로시간의 범위 내에서 당해 사업(사업장)의 근로자와 사용자 사이에 정한 '소정근로시간(예:1일 8시간, 1주 40시간)' 이내이며, 이를 초과한 시간은 무급이 원칙이다. 다만, 교섭 · 협의시간 등이 1일 소정근로시간을 초과하여 계속되는 경우(예 : 10시간) 그 초과시간(예 : 2시간)을 유급으로 할지 그리고 가산임금을 지급할 지 여부는 노사가 자율적으로 정할 수 있다. 유급으로 정할 경우에는 이러한 유급면제시간을 총량에 포함하여 근로시간면제 한도를 설정 · 운영해야 한다.

2) 인원한도

근로시간면제한도 고시 범위 내에서 사업특성에 따라 단체협약 등으로 근로시간면제자의 수를 정해야 하며, 근로시간면제 한도의 사용가능 인원(파트타임 사용가능 인원)보다 사용 인원을 늘리는 것은 허용되지 않는다.

근로시간면제를 파트타임으로 사용할 수 있는 인원 한도는 노사가 정한 근로시간면제한도를 당해 사업(사업장)의 '연간소정근로시간' 으로 나눈 숫자에 해당하는 인원(소수점 이하는 1명으로 인정)의 2배(조합원 300명 이상) 또는 3배(조합원 300명 미만)의 인원으로 한다.

(5) 근로시간면제 대상 업무의 범위

근로시간면제대상 업무는 ① 사용자와의 협의 · 교섭, 고충처리, 산업안전활동 등 노조법 또는 다른 법률에서 정하는 업무, ② 건전한 노사관계 발전을 위한 노동조합의 유지 · 관리 업무로 이와 같은 근로시간면제 대상 업무는 근로시간면제자로 지정된 자가 반드시 우선적으로 참여하여야 한다. 근로시간 면제자로 유급처리가 인정되는 범위는 회의참석 등 법에 정해진 소정의 업무를 직접 수행하는 시간과 이에 직접 관련된 시간이다. 이에 따라 공직선거 출마 등 사업장 내 노사공동의 이해관계에 속하는 업무와 무관한 활동은 근로시간면제한도 이내라도 유급처리를 받을 수 없다. 또한 근로시간면제자로 인정되지 않은 자의 노조활동은 근무시간 외에 해야 하며 근무시간 중 노조활동은 무급이 원칙이다. 다만, 노사협의회위원이 노사협의회 회의에 참석하는 시간과 이에 직접 관련된 시간을 근참법에 의해 유급 처리하는 것은 가능하며, 고충처리위원, 산업안전보건위원회의 위원으로 활동하는 시간을 관련법에 의해 유급 처리하는 것도 인정된다.

3. 근로시간면제 한도와 경영자의 대응

경영자는 근로시간면제자가 근로시간면제대상 업무 이외의 업무를 수행하거나 노사 당사자가 정한 시간한도를 초과한 경우에는 그 해당시간에 대하여 무급 처리하여야 한다. 다만, 근로시간면제 제도의 취지가 노동조합활동을 지원하기 위해 도입된 제도이므로 지나치게 엄격한 대응은 노사관계의 계속성이라는 측면에서 지양되어야 한다.

노동조합은 단체협약 또는 사용자와의 동의 하에 정한 근로시간면제 사용인원에 대해 사용자에게 그 명단을 사전에 통보하여야 한다. 근로시간면제자는 근로시간면제대상 업무를 반드시 우선적으로 수행하여야 한다. 근로시간면제자는 정기 · 고정적으로 풀타임 또는 파트타임으로 근로시간면제시간 한도를 사용하기로 한 경우에 소정의 대상 업무를 자유롭게 수행할 수 있다.

경영자도 최대한 근로시간면제자의 올바른 노동운동을 지원하여 근로자의 의사소통이 원활하게 이루어지도록 하여야 한다. 창조적인 노사관계질서의 형성은 경영자가 어떻게 노동조합이 역할을 충실히 수행하도록 하느냐 하는 노력에 의하여 결정되는 것이다.

참고사례 **근로시간면제제도의 운영**

현대자동차, 한국지엠 등에서 근로시간면제제도(Time-Off)를 둘러싼 노사갈등으로 몸살을 앓고 있다. 국내 최대 단일 사업장인 현대자동차는 근로시간면제제도에 대하여 아직도 합의를 하지 못하고 소모적인 신경전만 1년째 이어가고 있다. 사측은 법에 따라 지난해 4월 1일부터 근로시간면제제도의 적용을 받는 유급 전임자 24명의 명단을 제출하도록 노동조합에 요구 했다.

하지만, 노동조합측은 "노조탄압"이라며 줄곧 거부하고 있다. 이에 따라 올해 현대자동차의 임, 단협에서 타임오프가 최대쟁점으로 떠오르며 사상 최대 실적을 올리는 현대차의 노사문제에 걸림돌이 될 전망이다. 사측은 노조가 주장하는 노조의 전임자수 유지와 근로시간면제대상 확대 요구는 노조간부의 기득권보호를 위한 억지에 불과하다고 지적한다.

업계관계자는 "일부 조합간부들이 업무시간에 버젓이 도박과 스크린 골프를 하는 게 현실"이라며 "인원이 부족해 노동운동에 제약이 생긴다는 것은 정당성이 없을 뿐 아니라 왜곡된 주장에 불과 하다"고 꼬집었다.

타임오프제도 도입 현황

구분	도입 현황		한도 준수 여부	
	합의 사업장	미합의 사업장	준수	한도 초과
사업장 수(2499개)	2185(87.4%)	314(12.6%)	2162(98.9%)	23(1.1%)

(서울신문, 2011.6.30, 한준규 기자)

제2절
사업(사업장)단위의 복수노조허용과 교섭창구의 단일화

1. 사업(사업장)단위의 복수노조허용

(1) 복수노조허용의 배경

노조법상 1953년 이래 금지되어 왔던 사업·사업장 단위의 복수노조가 2011년 7월 1일부터 허용된다. 그동안 노조법은 "노동조합이 기존 노동조합과 조직대상을 같이 하거나 그 노동조합의 정상적 운영을 방해하는 것을 목적으로 하는 경우"에는 노동조합의 결격사유로 규정하여 왔다. 이미 13년 전인 1998년에 노사간, 여·야간 합의로 동 조항이 폐지되었으나, 복수노조가 허용되는 경우에 지나친 노사관계의 혼란을 우려하여 사업·사업장 단위에서의 교섭창구단일화와 함께 시행이 유보되어 왔다. 이에 따라 노동계를 비롯한 ILO와 OECD 등 국제기구로부터 단결권 침해라고 개선을 요구받던 노동현안이 해소되고, 노동조합간의 경쟁을 바탕으로 조합원이 중심이 되는 노동조합의 민주성이 향상되는 계기가 될 것으로 판단된다.

(2) 복수노조허용의 내용

사업(사업장)단위에서 2011년 7월 1일부터 복수노조를 설립할 수 있도록 허용됨에 따라 초기업 단위노동조합은 물론 기업단위에서 2개 이상의 노동조합을 자유롭게 설립할 수 있다.

사업(사업장)단위에서 복수노조를 허용하면서 사용자는 교섭창구의 단일화를 요구할 수 있다. 즉, 수개의 노동조합이 단체교섭을 요구하게 되면 노동조합에게 교섭대표노동조합을 정하도록 요구할 수 있다. 다만, 교섭대표노동조합을 자율적으로 결정하는 기한 내에 사용자가 교섭창구 단일화 절차를 거치지 않기로 동의한 경우에는 예외로 한다. 또한, 교섭창구단일화의 기본단위는 사업 또는 사업장이나, 현격한 근로조건의 차이, 고용형태, 교섭관행 등을 종합적으로 고려하여 노동위원회의 결정으로 동일한 사업(사업장)에서 교섭단위를 분리할 수도 있다.

(3) 복수노조허용에 따른 노사관계의 변화

복수노조가 사업 · 사업장에 허용되면 노사관계에 커다란 변동이 예상된다. 먼저, 양대 노총으로 활동하고 있는 한국노총과 민주노총이 서로 조직 확보와 강화를 위해 현장에서 조직경쟁을 할 것이다. 이와 같은 현장의 조직갈등은 단기적으로 노노갈등과 노사관계에 혼란을 초래할 것이나, 중 · 장기적으로는 우리나라의 근로자를 대변하는 경제적 노동운동이 주도권을 쥐게 되어 주요국가에서의 사례와 같이 노사관계가 안정화되고 발전하게 되는 계기가 될 것이라는 예측이다. 하지만 복수노조시대의 갈등이 현실을 반영하지 못하고 구시대적인 이념적 노동운동으로 흐른다면 노동운동 자체가 국민적인 지지를 받기 어려울 것임으로 노 · 사 · 정이 올바른 역할을 할 수 있도록 철저히 준비하여야 할 것이다.

2. 복수노조체제에서의 단체교섭창구의 단일화

(1) 단체교섭의 요구

2011년 7월 1일부터 시행되는 노동조합법에 의하면 하나의 사업 또는 사업장에서 조직형태에 관계없이 근로자가 설립하거나 가입한 노동조합이 2개 이상인 경우 노동조합은 교섭대표노동조합(2개 이상의 노동조합 조합원을 구성원으로 하는 교섭대표기구 포함)을 정하여 교섭을 요구해야 한다. 다만, 교섭대표노동조합을 자율적으로 결정하는 기한 내에 사용자가 교섭창구 단일화 절차를 거치지 않기로 동의한 경우에는 그러하지 않다(노조법 제29조의2).

단체교섭의 요구는 단체협약 유효기간 만료일 이전 3개월이 되는 날부터 사용자에게 교섭을 요구할 수 있다. 다만, 단체협약이 2개 이상 있는 경우에는 먼저 도래하는 단체협약의 유효기간 만료일 이전 3개월이 되는 날부터 사용자에게 교섭을 요구할 수 있다.

(2) 노동조합 교섭요구 사실의 공고

사용자는 노동조합으로부터 교섭요구를 받은 때에는 그 요구를 받은 날부터 7일간 그 교섭을 요구한 노동조합의 명칭 등 고용노동부령으로 정하는 사항을 해당 사업 또는 사업장의 게시판 등에 공고하여 다른 노동조합과 근로자가 알 수 있도록 해야 한다(노조법시행령 제14조의3).

사용자에게 교섭을 요구한 노동조합이 있는 경우 그 교섭에 참가하려는 다른 노동조합은 공고기간 내에 노동조합의 명칭, 그 교섭을 요구한 날 현재의 조합원 수 등 고용노동부령으로 정하는 사항을 기재하여 서면으로 사용자에게 교섭을 요구해야 한다.

사용자는 교섭요구 사실의 공고기간이 끝난 다음 날에 교섭을 요구한 노동조합을 확정하여 통지하고, 그 교섭을 요구한 노동조합의 명칭, 그 교섭을 요구한 날 현재의 조합원 수 등 고용노동부령으로 정하는 사항을 5일간 공고해야 한다.

(3) 교섭창구의 단일화 절차

〈1단계〉 자율적 단일화

교섭대표노동조합 결정절차(교섭창구 단일화 절차)에 참여한 모든 노동조합은 교섭을 요구한 노동조합이 확정 또는 결정된 날부터 14일이 되는 날을 기한으로 하여 자율적으로 교섭대표노동조합을 결정하여 그 교섭대표노동조합의 대표자, 교섭위원 등을 연명으로 서명 또는 날인하여 사용자에게 통지해야 한다(노조법시행령 제14조의 6).

사용자에게 노동조합으로부터 교섭대표노동조합의 통지가 있은 이후에는 그 교섭대표노동조합의 결정절차에 참여한 노동조합 중 일부 노동조합이 그 이후의 절차에 참여하지 않더라도 교섭대표노동조합의 지위는 그대로 유지된다.

〈2단계〉 과반수 노조의 확정

기한 내에 자율적으로 교섭대표노동조합을 정하지 못하거나 사용자의 동의를 얻지 못한 경우에는 교섭창구 단일화 절차에 참여한 노동조합의 전체 조합원 과반수로 조직된 노동조합(2개 이상의 노동조합이 위임 또는 연합 등의 방법으로 교섭창구 단일화 절차에 참여한 노동조합 전체 조합원의 과반수가 되는 경우 포함)이 교섭대표노동조합이 된다(이를 '배타적 교섭대표제'라 함). 이 경우 기한(14일)이 만료된 날부터 5일 이내에 사용자에게 노동조합의 명칭, 대표자 및 과반수 노동조합이라는 사실 등을 통지해야 한다(노조법시행령 제14조의7). 사용자가 노동조합으로부터 과반수 노동조합임을 통지받은 때에는 그 통지를 받은 날부터 5일간 그 내용을 공고하여 다른 노동조합과 근로자가 알 수 있도록 해야 한다.

참고사례 **과반수 노조가 없는 경우 위임 또는 연합 등의 방법으로 과반수 노조를 만드는 방법**

위임의 경우 – 100인 규모의 사업장에서 A노조 40명, B노조 30명, C노조 20명인 경우 과반수 노조가 없으나, C노조가 A노조에 교섭권을 위임할 경우

A노조와 C노조의 연합체의 조합원은 60명으로 전체 조합원 90명의 과반수가 되므로 A노조를 교섭대표노조로 인정

연합의 경우 – 100인 규모의 사업장에서 A노조 40명, B노조 30명, C노조 20명인 경우 과반수 노조가 없으나, A노조와 B노조가 연합할 경우 A노조와 B노조 연합체의 조합원은 70명으로 과반수가 되므로 A노조와 B노조의 연합체를 교섭대표노조로 인정

〈3단계〉 공동교섭대표단 구성

자율적 구성

1단계, 2단계에서 교섭대표노동조합을 결정하지 못한 경우에는 교섭창구 단일화 절차에 참여한 모든 노동조합은 공동으로 교섭대표단(공동교섭대표단)을 구성하여 연명으로 서명 또는 날인하여 사용자에게 통지해야 한다(노조법시행령 제14조의8). 이 때 공동교섭대표단에 참여할 수 있는 노동조합은 그 조합원 수가 교섭창구 단일화 절차에 참여한 노동조합의 전체 조합원 100분의 10 이상인 노동조합으로 한다(노조법시행령 제14조의6 제4항).

노동위원회에 의한 결정

공동교섭대표단의 구성에 합의하지 못할 경우에 노동위원회는 해당 노동조합의 신청에 따라 조합원 비율을 고려하여 이를 결정할 수 있다. 공동교섭대표단의 구성에 합의하지 못한 경우에 공동교섭대표단 구성에 참여할 수 있는 노동조합의 일부 또는 전부는 노동위원회에 공동교섭대표단 구성에 관한 결정 신청을 해야 한다.

교섭창구 단일화 절차

교섭참여 노조 확정절차

교섭 요구(단체협약 만료 3개월 전부터)→교섭요구 사실에 대한 사용자 공고(7일)
→ 공고기간 내 다른 노조 교섭 참여

↓

참여노조 확정 공고(5일), 수정시 수정 공고(5일)
※ 공고에 이의가 있는 경우 노동위원회에 시정 요청 (5일내 신청, 10일내 처리)

참여노조 확정 후 교섭대표노조 결정절차

사용자 동의에 따른 개별교섭 또는 자율적 단일화
참여노조 확정 후 14일 이내)

➡ 되면: 사용자에게 통지, 교섭대표노조 결정

↓ 안되면

과반수 노조(절대 과반수 또는 연합 등으로 과반수)임을 사용자에게 통지
- 자율적 단일화 기간 경과 후 5일 이내
- 사용자는 5일 동안 공고

➡ 이의 없으면: 교섭대표 노조로 확정

➡ 이의제기: 노동위원회 조합원 수 확인 후 교섭대표 노조로 확정
- 조합원 수 확인결과 과반수가 아니면 공동교섭대표단 결정단계로 전환

↓ 과반수 노조 없으면

공동교섭대표단 자율 구성
- 과반수 노조의 공고가 없을 경우 자율적 단일화 기간 경과 후 10일 이내
- 노동위원회 확인결과 과반수 노조가 없는 경우 노동위원회 결정 통지 후 5일 이내

↓ 자율 구성 안되면

창구단일화에 참여한 노동조합의 전부 또는 일부의 신청에 의해 노동위원회가 공동교섭대표단 결정(신청 후 10일 이내)

자료 : 고용노동부, 사업(사업장)단위 복수노조 업무매뉴얼, 2011. p.7

(4) 교섭단위 결정

교섭대표노동조합을 결정해야 하는 단위(교섭단위)는 하나의 사업 또는 사업장으로 한다(노조법 제29조의3 제1항). '교섭단위'란 교섭대표노동조합을 결정하여야 하는 단위로서 하나의 사업 또는 사업장을 원칙으로 하고, 산별노조 · 직종별 노조(지부 · 분회) 등 조직형태에 관계없이 모든 노조를 단일화 대상에 포함한다. 다만, 교섭단위를 분리할 필요가 있는 경우 노동위원회 결정으로 교섭단위 분리를 인정하되, 현격한 근로조건의 차이, 고용형태, 교섭관행 등을 종합적으로 고려하여 교섭단위 분리 여부를 결정한다.

하나의 사입 또는 사입장에서 현격한 근로조건의 차이, 고용형태, 교섭관행 등을 고려하여 교섭단위를 분리할 필요가 있다고 인정되는 경우에 노동위원회는 노사관계 당사자의 양쪽 또는 어느 한 쪽의 신청을 받아 교섭단위를 분리하는 결정을 할 수 있다(노조법 제29조의3 제2항).

(5) 공정대표의무 및 의무위반에 대한 시정

교섭대표노동조합과 사용자는 교섭창구 단일화 절차에 참여한 노동조합 또는 그 조합원 간에 합리적 이유없이 차별을 해서는 안된다(노조법 제29조의4). '공정대표의무'란 교섭단위 내 관련된 노동조합과 조합원 이익을 합리적 이유없이 차별하지 말고 공정하게 대표할 의무를 말한다. 공정대표의무는 교섭과정에서 특히 중요하므로 교섭하기 전 또는 교섭과정에서 소수노조의 의견을 청취해야 한다.

교섭대표노조는 근로조건 등 규범적 부분뿐만 아니라 채무적 부분을 모두 교섭하고 이에 대한 공정대표의무를 부담한다. 채무적 부분에 대해 개별 노조의 독자적 교섭권을 인정하는 경우 교섭상의 혼란, 이중교섭의 부담 등 창구 단일화 취지와 배치되기 때문이다. 공정대표의무를 위반할 경우 시정요구의 주체는 노동조합으로 한정되며, 개별 조합원은 해당 노조를 통해 그 위반을 시정할 수 있다.

노동조합은 교섭대표노동조합과 사용자가 공정대표의무를 위반하며 다른 노동조합을 차별한 경우에는 그 행위가 있은 날(단체협약의 내용의 일부 또는 전부가 제1항에 위반되는 경우에는 단체협약 체결일)부터 3개월 이내에 노동위원회에 그 시정을 요청할 수 있다.

3. 경영자의 단체교섭에 대한 대응

경영자는 복수노조체제에서 노동조합의 단체교섭요구에 대하여 교섭력을 바탕으로 성공적으로 교섭을 추진하기 위하여는 교섭담당자를 선정하게 된다. 단체교섭담당자는 경영자의 교섭사항에 대한 전략의 수립을 보좌하고 시행계획을 마련하여 대응하여야 한다.

경영자는 복수노조체제의 초기인 점을 감안하여 충분한 교섭대책을 마련하여 단체교섭을 진행하지 못하면 불필요한 노동쟁의 상황을 경험하거나, 불리한 교섭결과를 가져올 수밖에 없어진다. 따라서 단체교섭에 임하는 사용자는 사전에 충분한 준비와 대화를 통하여 합리적인 타협안을 모색하여야 한다.

교섭준비

경영자는 단체협약의 유효기간이 다가오게 되면 교섭담당자를 지정하고 노동조합측의 교섭준비 상황에 따라 대응하게 된다. 노동조합의 요구내용을 예측하고 동종업계나 유사기업과 자료를 교환하여 당해 기업의 특성에 따른 대응방안을 사전에 준비한다. 노동조합측의 요구사항에 대한 타당성, 비용문제, 향후 진행상황 등을 고려하여 종합적으로 전략을 수립하여야 한다.

교섭전략의 마련

노동조합 요구사항의 정당한 내용에 대해서는 우선순위를 정하여 단계별 대응방안을 마련한다. 노동조합의 핵심 요구사항을 확인하고 최종(안)을 제시하는 마지막 순간까지 논리적으로 설득하여야 한다. 노동조합이 최후 수단으로 단체행동을 진행하는 경우까지 대비하여 단계별 비용과 타협방안을 모색하여야 한다. 노동조합과 수시로 대화를 진행하여 노사관계의 계속성이라는 측면에서 비용과 효과를 세밀히 분석하는 전략방안이 마련되어야 할 것이다.

복수노조에 대한 교섭창구단일화

복수노조하에서 경영자는 노동조합이 가능한 한 자주적으로 교섭창구단일화를 이루도록 지원하는 것이 건전한 노사관계를 형성하는 방안이 될 것이다. 복수노조가 허용되는 초기 4~5년간은 노동조합간에 주도권 경쟁으로 노사관계에도 갈등의 요소로 작용할 것이므로 단체교섭전략 마련과정에서 노동조합에 대한 부당노동행위인 지배 · 개입이나 불이익취급, 정당한 이유없이 단체교섭이나 단체협약의 체결을 거부 · 해태하지 않도록 유의하여야 할 것이다.

성공적인 단체교섭을 위한 전략

노동조합은 단체교섭에서 실제로 확보할 목표를 가지고 처음에는 무리한 요구를 하는 것이 일반적인 전략이다. 따라서 사용자측 교섭담당자는 노동조합의 행태를 면밀히 검토하고 단체교섭의 결렬을 선언하면서 노동쟁의 조정을 노동위원회에 신청하는 등 노동조합이 전략적으로 대응하는 경우에도 원칙을 유지하면서 정확한 근거를 제시하고 최후 순간까지 노동조합을 설득하는 단체교섭 기법이 필요하다. 무엇보다도 중요한 것은 노사간 신뢰관계를 유지하는 것이 핵심이므로 사용자는 단체교섭석상에서의 호칭과 언어사용 문제까지 세밀하게 고려하면서 교섭에 임하여야 한다. 경영자는 필요한 경우에는 노동조합에서 무리한 요구사항을 고집하는 경우에는 교섭진행상황을 공표하고 일반조합원의 여론을 유리하게 확보하는 방안도 전략중의 하나가 될 것이다.

단체교섭에 대한 올바른 인식

경영자는 노동조합을 껄끄러운 상대로 생각하기 보다는 신뢰와 협력의 상대로 보아야 한다. 노사관계는 기업이 존속하는 한 계속되는 관계이므로 중 · 장기적 관점에서 노사관계를 형성하여 나가야 한다.

노사가 신뢰와 협력관계를 유지하기 위해서는 상호간에 노사관계의 기본을 이해하고 단체교섭 과정을 통하여 근로자의 불만을 해소하여 사기를 진작시키는 계기가 되도록 하여야 한다. 단체교섭이 신뢰 속에서 이루어지기 위해서는 노사간에 제시된 문제를 심각하게 확인하고 성실하게 단체교섭을 진행하여 상호 이해할 수 있는 결과를 도출하는 것이 필요하다.

노동조합이 파업을 하는 경우에도 경영자측은 꾸준히 교섭을 진행하여 신뢰관계를 유지하여야 한다. 이와 같은 신뢰감 속에서 노사간의 단체교섭은 최소의 비용으로 최대의 결과를 노사간에 유도해 낼 수 있는 것이다.

단체교섭의 결과에 따라 단체협약이 작성되고 성실히 이행하는 건전한 노사관계도 단체교섭상의 관계에 따라 좌우되므로 상호간에 최선보다는 차선의 선택을 교환하는 것이 필요하다. 단체협약의 유효기간 중에는 산업안전, 고충처리, 조합활동 범위를 둘러싸고 상호간에 꾸준히 협조하고 대화하여야 할 것이므로 단체교섭의 진행도 항상 이러한 노사관계의 특성을 이해하면서 진행하여야 한다.

참고사례 **복수노동조합제도 도입의 영향**

지난 7월 복수노조제도 시행 이후 전국 사업장의 파업분규가 지난해 동기대비 3분의 1 가까이 감소한 것으로 나타나 복수노조가 노사관계의 새 지평을 연 것이 아니냐는 평가가 나오고 있다. 고용노동부 10월 3일자 발표에 따르면 복수노조 시행일인 7월 1일 이후 9월 30일까지 24곳의 사업장에서 파업분규가 발생, 지난해 같은 기간의 33곳에 비해 약 27.3% 줄었다. 특히 복수노조 시행 이후 파업종결 비율도 지난해와 비교해 상대적으로 높아졌으며 전국적으로 강성노조의 파업분규가 줄어들면서 파업철회에 이르는 시간도 단축된 것으로 분석됐다.

구체적으로 지난해 7월 1일부터 9월 30일까지 33곳에서 파업이 발생하고 30곳에서 파업이 종결돼 종결률이 90.9%였으나 올해 복수노조 도입 이후에는 24곳에서 파업이 발생하고 23곳에서 파업철회가 이뤄져 종결률이 95.8%에 달했다.

근로손실 일수도 지난해 같은 기간 20만3,660일에서 올해는 19만721일로 1만2,939일이 줄었다. 근로손실 일수는 파업 참가자 수에 실제 파업시간을 곱한 뒤 법정근로시간인 8시간으로 나눈 것으로 대형 사업장의 파업이 줄어들고 파업이 벌어져도 이른 시간 내에 해결이 됐다는 것을 뜻한다.

전문가들은 이 같은 현상에 대해 노조 간에 노조원 확보경쟁이 벌어지면서 노조들이 사업장 수준에서 해결하기 어려운 정치적 요구를 하는 대신 임금이나 처우 개선 등 노조원들에게 직접 영향을 미치는 노조활동에 주력했기 때문으로 풀이하며 복수노조제도가 안착단계에 들어선 것으로 평가했다.

고용노동부 노사관계법제과장은 "신규 노조의 대부분이 상급단체에 가입하지 않은 독립노조들로 과거에 비해 파업동력이 약해진 측면이 있다"며 "이로 인해 양 노총도 기존의 강성투쟁보다 실리적 노동운동에 주력하는 것 같다"고 말했다.

한편 올 들어 9월 말 현재 파업발생 사업장은 모두 46곳으로 지난해 같은 기간의 63건과 비교할 때 전반적으로 노사분규 건수가 줄어들었다.

복수노조 도입 후 파업 현황

	2010.7.1~9.30	2011.7.1~9.30
파업발생 건수	33	24
파업종결 건수	20	23
근로 손실일수	203,660	190,721

(자료 : 고용노동부)

(서울경제, 2011.10.4, 권대경 기자)

제3절
필수공익사업의 쟁의행위 제한

1. 필수공익사업의 범위

"필수공익사업"이라 함은 공익사업으로서 그 업무의 정지 또는 폐지가 공중의 일상생활을 현저히 위태롭게 하거나 국민경제를 현저히 저해하고 그 업무의 대체가 용이하지 않은 사업을 의미한다. 이에 해당하는 사업으로 ① 철도사업, 도시철도사업 및 항공운수사업, ② 수도사업, 전기사업, 가스사업, 석유정제사업 및 석유공급사업, ③ 병원사업 및 혈액공급사업, ④ 한국은행사업, ⑤ 통신사업이 있다.

"필수공익사업"은 직권중재제도가 2008년 1월 1일부터 폐지됨에 따라 "필수유지업무"개념이 도입되어 필수공익사업에 해당되는 경우에는 일정 범위 내에서 쟁의행위가 제한되고 있다.

2. 필수유지업무의 범위

(2) 필수유지업무의 내용

필수유지업무라 함은 필수공익사업의 업무 중 그 업무가 정지되거나 폐지되는 경우 공중의 생명 · 건강 또는 신체의 안전이나 공중의 일상생활을 현저히 위태롭게 하는 업무를 말한다(노조법 제42조의2 제1항). 따라서 필수공익사업의 모든 업무가 필수유지업무에 해당하는 것은 아니며 국민경제의 저해 여부는 필수유지업무 기준에 포함되지 않는다. 필수유지업무 해당 여부는 당해 업무의 정지 · 폐지가 당해 필수공익사업이 생산 · 공급하는 서비스에 대한 일반 공중의 수요를 본질적으로 침해할 수 있느냐 여부가 핵심적 기준이다. 당해 업무자체가 최종 서비스 · 재화의 생산에 치명적인 차질을 줄 수 있다면 일단 필수유지업무로 볼 수 있다.

필수유지업무의 범위는 노조법에 규정된 업무를 반드시 포함하되, 노사간 교섭을 통하여 정하게 되며, 특정업무 또는 직무의 필수유지업무 해당 여부에 대하여 노사간 이견이 있는 경우 입법취지 등을 감안하여 판단하여야 하며, 각 필수공익사업의 근거 법률상 관련 규정에 의거 업무수행이 의무화 되어 있는지 여부도 고려하여야 할 것이다. 공중의 생명 · 건강 · 안전과 관련된 업무의 경우 필수유지업무 해당 여부를 보다 엄격히 해석하여 넓게 포함하며, 단순히 공중의 일상생활에 불편을 초래하는 업무의 경우 보다 탄력적으로 좁게 해석할 수 있을 것이다. 즉, 당해 업무가 공중의 생명 · 건강 · 안전 · 일상생활 등 공익에 미치는 영향 및 긴급성 정도, 대체서비스 공급 가능성 여부, 당해 업무의 숙련도 · 전문성 · 경험 등이 높은 수준인지 여부 및 외부 대체인력 확보의 용이성, 정규시간 · 24시간 연속 근무, 특정시간 · 기간근무, 공정 · 업무의 독립성 · 연관성 정도 등을 고려하여야 한다.

(2) 필수유지업무 협정의 체결

필수공익사업 서비스 및 재화의 성격, 대체가능성 등을 감안하여 노사간 교섭을 통하여 결정하며, 공중의 생명 · 건강 · 신체의 안전 및 공중의 일상생활에 미치는 영향을 감안하여 쟁의권과 공익을 조화시킬 수 있는 합리적 범위에서 노사간 서면의 협정으로 정한다. 즉, 전기 · 수도 · 통신망(기간망 및 가입자 망) · 수혈용 혈액공급사업인 경우 서비스 공급 수준은 정상적으로 이루어져야 한다.

필수유지업무의 필요 최소한의 유지 · 운영수준을 위하여 쟁의행위기간 중 근무할 필요인원 수를 정하여야 한다. 필수유지업무 협정이 노사당사자간에 자율적으로 체결되지 않은 경우에는 노동위원회에 어느 일방이 필수유지업무 결정을 신청할 수 있다.

3. 필수유지업무의 유지 · 운영전략

노동조합은 필수유지업무 협정의 체결 또는 노동위원회의 결정이 있는 경우 사용자에게 필수유지업무에 근무하는 조합원 중 쟁의행위기간 동안 근무하여야 할 조합원의 명단을 통보하여야 한다.

경영자는 이에 따라 근로자를 지명하고 이를 노동조합과 당해 근로자에게 통보한다. 쟁의행위 중에 휴가 · 결근 · 교체 등의 사유로 필수유지업무 조합원을 부득이 변경하여야 하는 경우 사전에 사측에 대체 근무할 명단을 통보하여야 할 것이며, 또한, 업무분장의 변경, 인사발령 등의 사유로 변경할 필요가 있는 경우에는 미리 대체 근무할 조합원의 명단을 통보하여야 한다.

필수유지업무제도는 국민의 일상생활에 반드시 필요한 업무를 운영하도록 하는 제도이므로 경영자는 기업이익과 함께 공익적 관점에서 집단행동 중에도 노동조합과 긴밀히 협의하여 기업의 사회적 책임을 다하도록 지속적으로 노력하여야 한다.

참고사례 **장기 노사분규 노조원 22% "우울증"**

장기간 노사분규를 겪고 있는 회사의 노조원 4분의 1 가량이 우울증상을 보이는 등 정신적 스트레스가 심각한 것으로 나타났다. 민주노총 산하 금속노조는 3M, 포스코 사내하청, 보워터코리아 등 2~5년간 노사갈등을 겪고 있는 회사의 노조원 215명을 설문조사를 한 결과, 응답자의 22.3%인 49명이 우울증을 겪는 것으로 나타났다고 22일 밝혔다.

일상적으로 불안감을 느끼느냐는 질문에 31명(14.5%)이 '그렇다' 고 답해 불안장애가 의심됐다. 매우 극심한 불안상태를 느끼고 있다는 응답자가 4.7%, 심한 불안상태를 느낀다는 응답자가 5.6%였다. 자살위험도에 관한 조사에서는 24.7%인 53명이 상담과 면담 등을 통해 집중 관리하지 않으면 자살 가능성이 높은 자살위험군으로 분석됐다. 이들은 "유서를 써봤느냐" 또는 "자살할 방법을 생각해봤느냐"등의 질문에 '그렇다' 고 응답했다.

대상자 중 79.1%가 노조활동과 관련해 회사로부터 불이익을 당한 경험이 있다고 답했는데, 회사관리자로부터 심리적 압박을 당한 경우가 69.8%, 비조합원 동료로부터 심리적 압박을 경험한 경우가 35.3%였다. 노조활동 때문에 부부(또는 연인)관계가 나빠진 경우는 30.6%였으며 직장상사와의 관계가 악화된 경우는 82.3%, 탈퇴한 조합원 동료와 관계가 나빠진 경우는 89.8%였다.

이철갑 조선대 산업의학과 교수는 "우울증 비율이나 자살위험성의 관점에서 장기분규 사업장 노조원들은 일반인들보다 1.5~2배 가량 위험하다"며 "증상이 심각한데도 회사로부터의 불이익을 우려해 이들 중 상당수가 병원을 찾지 않고 있는 것이 더 큰 문제"라고 지적했다.

(한국일보, 2011.6.23, 이왕구 기자)

부 록 ●●●

노사관계 통계자료

1. 노동조합의 연도별 조직현황

구분 년도별	노동조합수			조합원수(명)			조직대상 근로자 (천명)	조직률 (%)
	연합단체	단위노조	분회	계	남	여		
1965	16	362	2,255	301,522	238,236	63,686	–	–
1966	16	359	2,359	326,974	250,656	76,318	–	–
1967	16	386	2,619	377,576	286,576	91,000	–	–
1968	16	385	2,732	412,906	309,876	103,030	–	–
1969	16	417	2,939	444,783	333,317	111,466	–	–
1970	17	419	3,063	473,259	357,881	115,378	–	–
1971	17	446	3,062	497,671	373,985	123,686	–	–
1972	17	430	2,961	515,292	380,706	134,586	–	–
1973	17	403	2,865	548,054	392,071	155,983	–	–
1974	17	432	3,352	655,785	463,132	192,653	–	–
1975	17	488	3,585	750,235	508,966	241,269	–	–
1976	17	517	3,854	845,630	559,486	286,144	–	–
1977	17	538	4,042	954,727	634,961	319,766	3,752	25.4
1978	17	552	4,305	1,054,608	696,865	357,743	4,229	24.9
1979	17	553	4,394	1,088,061	723,583	364,478	4,461	24.4
1980	16	2,618	3,227	948,134	600,383	347,751	4,516	21.0
1981	16	2,141	–	966,738	628,259	338,479	4,649	20.8
1982	16	2,194	–	984,136	633,106	351,030	4,878	20.2
1983	16	2,238	–	1,009,881	673,411	336,470	5,212	19.4
1984	16	2,365	–	1,010,522	683,542	326,980	5,588	18.1
1985	16	2,534	–	1,004,398	691,911	312,487	5,956	16.9
1986	16	2,658	–	1,035,890	724,566	311,324	6,177	16.8
1987.6.30	16	2,725	–	1,050,201	743,209	306,992	6,701	15.7
1987	16	4,086	–	1,267,457	900,129	367,328	6,853	18.5
1988.6.30	20	5,062	–	1,525,088	1,094,905	430,183	8,382	18.2
1988	21	5,598	–	1,707,456	1,232,400	475,056	8,764	19.5
1989.6.30	22	6,638	–	1,825,093	1,318,422	506,671	9,286	19.7
1989	22	7,861	–	1,932,415	1,402,106	530,309	9,752	19.8
1990	22	7,698	–	1,886,884	1,384,730	502,154	10,264	18.4
1991	22	7,656	–	1,803,408	1,341,745	461,663	10,483	17.2
1992	22	7,531	–	1,734,598	1,323,521	411,077	10,568	16.4
1993	27	7,147	–	1,667,373	1,275,859	391,514	10,679	15.6
1994	27	7,025	–	1,659,011	1,285,627	373,384	11,450	14.5
1995	27	6,606	–	1,614,800	1,254,133	360,667	11,687	13.8
1996	27	6,424	–	1,598,558	1,259,932	338,626	12,020	13.3
1997	41	5,733	–	1,484,194	1,194,414	289,780	12,192	12.2
1998	43	5,560	–	1,401,940	1,148,435	253,505	11,166	12.6
1999	45	5,637	–	1,480,666	1,173,239	307,427	12,455	11.9
2000	46	5,698	–	1,526,995	1,221,117	305,878	12,701	12.0
2001	45	6,150	–	1,568,723	1,263,314	305,409	13,103	12.0
2002	43	6,506	–	1,605,972	1,306,221	299,751	13,839	11.6
2003	45	6,257	–	1,549,949	1,223,330	326,619	14,144	11.0
2004	44	6,017	–	1,536,843	1,211,952	324,891	14,538	10.6
2005	45	5,971	–	1,506,172	1,182,535	323,637	14,692	10.3
2006	53	5,889	–	1,559,179	1,215,253	343,926	15,072	10.3
2007	53	5,099	–	1,687,782	1,317,467	370,315	15,651	10.8
2008	56	4,886		1,665,798	1,290,682	375,116	15,847	10.5
2009	55	4,689		1,640,334	1,285,965	354,369	16,196	10.1

2. 노동조합의 연합단체별 조직현황

(단위 : 개소, 명)

총연맹별		조합수	조합원수		
			계	남성	여성
총 계		4,689	1,640,334	1,285,965	354,369
한국노총	계	2,513	740,335	602,785	137,550
	전국금속노동조합연맹	440	100,240	78,057	22,183
	전국금융산업노동조합	1	96,142	52,217	43,925
	전국택시노동조합연맹	376	84,239	82,820	1,419
	전국자동차노동조합연맹	277	80,646	79,800	846
	전국화학노동조합연맹	407	65,449	50,275	15,174
	전국연합노동조합연맹	371	56,423	44,239	12,184
	전국공공노동조합연맹	85	45,814	37,940	7,874
	전국해상산업노동조합연맹	53	26,110	25,955	155
	전국체신노동조합	1	25,132	19,472	5,660
	전국항운노동조합연맹	51	23,891	22,984	907
	전국외국기관노동조합연맹	27	13,723	11,475	2,248
	전국섬유유통노동조합연맹	79	12,509	7,626	4,883
	전국관광서비스노동조합연맹	79	11,988	7,467	4,521
	전국정보통신노동조합연맹	32	8,676	7,720	956
	전국식품산업노동조합연맹	39	8,995	6,666	2,329
	전국고무산업노동조합연맹	13	8,044	7,509	535
	전국의료산업노동조합연맹	7	6,207	1,146	5,061
	직가입노조	104	24,292	22,327	1,965
	전국담배인삼노동조합	1	5,326	4,629	697
	전국철도산업노동조합	1	4,014	2,724	1,290
	전국사립대학교노동조합연맹	19	4,217	3,022	1,195
	전국광산노동조합연맹	8	3,841	3,617	224
	전국아파트노동조합연맹	8	2,047	1,989	58
	전국출판노동조합연맹	27	1,803	1,358	445
	한국공무원연맹	4	3,883	3,393	490
	전국전력노동조합	3	16,684	16,358	326
민주노총	계	553	588,394	441,663	146,731
	전국금속산업노동조합	1	147,000	139,958	7,042
	전국공공운수서비스노동조합연맹	128	139,124	119,230	19,894

총연맹별		조합수	조합원수		
			계	남성	여성
민주노총	전국교직원노동조합	1	71,291	24,613	46,678
	전국사무금융노동조합연맹	125	67,741	43,112	24,629
	보건의료노동조합	1	40,025	9,606	30,419
	전국IT산업노동조합연맹	10	2,899	2,296	603
	전국건설산업노동조합연맹	19	32,252	32,047	205
	전국민주화학섬유노동조합연맹	40	21,620	19,991	1,629
	전국민간서비스산업노동조합연맹	91	16,912	9,904	7,008
	전국언론노동조합연맹	7	14,483	14,259	224
	직가입노조	115	21,511	18,392	3,119
	전국대학노동조합	1	7,531	4,531	3,000
	한국비정규직교수노동조합	1	2,080	1,560	520
	전국여성노동조합연맹	4	1,365	0	1,365
	전국민주일반시설환경노동조합연맹	9	2,560	2,164	396
미가맹	계	1,623	311,605	241,517	70,088
	전국민주공무원노동조합	1	54,394	33,477	20,917
	공무원노동조합총연맹	14	26,697	25,331	1,366
	전국교육기관공무원노동조합연맹	15	23,457	21,991	1,466
	한국교원노동조합	1	7,928	4,614	3,314
	법원공무원노동조합	1	7,500	5,000	2,500
	전북공무원노동조합연맹	9	6,423	4,370	2,053
	전남공무원노동조합연맹	7	2,355	1,296	1,059
	전국지방공기업노동조합연맹	19	2,198	1,563	635
	전국예능인노동조합연맹	13	1,743	1,063	680
	도시철도노동조합연맹	1	1,200	400	800
	화학산업광주전남지역노조연합	10	1,793	1,788	5
	건설기업노련	5	1,724	1,681	43
	전국단위신노련	12	143	135	8
	서울지역공무원노동조합연맹	4	1,761	1,727	34
	대전공무원노동조합연맹	4	1,897	1,897	0
	전국광역자치단체공무원노동조합연맹	7	10,670	8,228	2,442
	순수미가맹	1,500	159,722	126,956	32,766

※ 직가입노조 : 산별연맹에는 가입하지 아니하고 한국노총 또는 민주노총 지역본부에 직접 가입한 노조임.

3. 노조조직 형태별 조직현황

(1) 상급단체별 · 조직형태별 조직현황

(단위 : 명, %)

구 분		한국노총		민주노총		미가맹	
		조합원수	비율	조합원수	비율	조합원수	비율
전체 조합원수	1,640,334 (100.0)	740,335	100.0	588,394	100.0	311,605	100.0
기업별노조 조합원수 (비율)	771,867 (100.0)	442,673 (57.3%)	59.8	114,577 (14.9)	19.5	214,617 (27.8)	68.9
초기업노조 조합원수 (비율)	868,467 (100.0)	297,662 (34.3%)	40.2	473,817 (54.6)	80.5	96,988 (11.1)	31.1

(2) 초기업노조의 조합 및 조합원수 변화 추이

(단위 : 개소, 명, %)

구 분	2003년	2004년	2005년	2006년	2007년	2008년	2009년
초기업 노조조합수	469	399	425	431	345	317	290
조합원수 (a)	484,400	605,071	603,820	618,356	865,423	881,277	868,467
전체 조합원수(b)	1,549,949	1,536,843	1,506,172	1,559,179	1,687,782	1,665,798	1,640,334
비 율 (a/b)	31.3	39.4	40.1	39.7	51.3	52.9	52.9

(3) 민간/공공부문별 노조조직률 변화추이

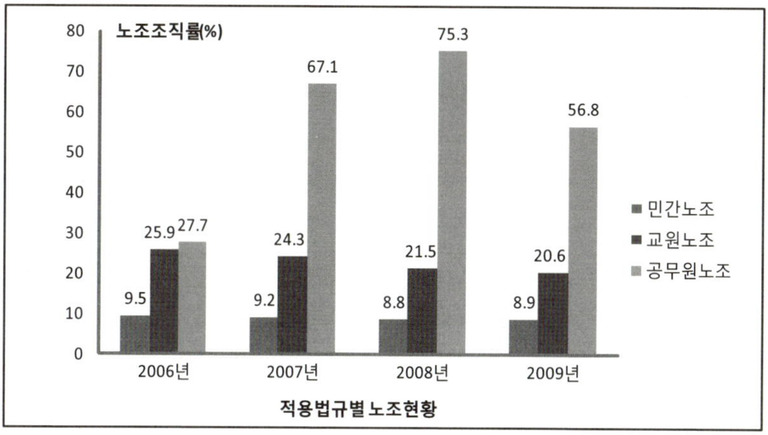

4. 노사분규 현황

(단위 : 건, 천명, 천일, 일, %)

구분	1999년	2000년	2001년	2002년	2003년	2004년	2005년	2006년	2007년	2008년	2009년
노동쟁의 조정신청	862	1,036	1,096	1,042	896	868	891	758	885	851	726
노사분규 발생건수	198	250	235	322	320	462	287	138 〈253〉	115 〈212〉	108 〈130〉	121 〈175〉
분 규 참가자수	92	178	89	94	137	185	118	131	93	114	81
근로손실 일 수	1,366	1,894	1,083	1,580	1,299	1,199	848	1,201	536	809	627
건당분규 지속일수	19.2	30.0	31.7	30.2	29.0	24.7	48.6	54.5	33.6	37.0	27.9
불법분규 건 수 (비율)	95 (48.0)	67 (26.8)	55 (23.4)	66 (20.5)	29 (9.1)	58 (12.6)	17 (5.9)	24 (17.4) 〈24〉 〈(9.5)〉	17 (14.8) 〈17〉 〈(8.0)〉	17 (15.7) 〈32〉 〈(29.6)〉	11 (9.1) 〈11〉 〈(6.3)〉

주1) ( )는 전체분규건수 대비 백분율, 〈 〉는 2006~2008년도 노사분규건수를 종전과 같은 방식(다수의 사업장이 산별노조 파업에 참가시 사업당수대로 계상)으로 산출시 현황임.

주2) 2006년부터 노사분규 산정방법 변경:ILO기준 및 한국노동연구원의 노사분규통계 개선방안 연구결과에 따라 금속노조, 보건의료노조 등 산별노조 파업에 대수의 사업장이 참가시 종전에는 사업장수대로 계상하였으나 2006년부터는 1건으로 계상

5. 주요국의 노조조직률

(단위 : %)

연도별 \ 국별	미국	영국	독일	호주	일본	대만	한국
1986	17.5	48.7	39.3	45.1	28.2	34.5	16.8
1987	17.0	46.9	38.9		27.6	34.2	18.5
1988	16.8	45.9	38.7	41.2	26.8	37.6	19.5
1989	16.4	44.4	38.4		25.9	38.1	19.8
1990	16.1	38.0	37.5	40.5	25.2	43.3	18.4
1991	16.1	37.0	41.6		24.5	48.0	17.2
1992	15.8	36.2	40.1	39.6	24.4	48.1	16.4
1993	15.8	35.3	38.4	37.6	24.2	49.5	15.6
1994	15.5	33.8	37.2	35.0	24.1	48.9	14.5
1995	14.9	32.4	36.0	32.7	23.8	46.6	13.8
1996	14.5	31.4	35.3	31.1	23.2	44.6	13.3
1997	14.1	31.7	28.2	30.3	22.6	42.2	12.2
1998	13.9	29.9	27.1	28.1	22.4	41.1	12.6
1999	13.9	29.7	26.1	25.7	22.2	40.0	11.9
2000	13.5	29.8	22.4	24.7	21.5	38.5	12.0
2001	13.4	29.3	22.7	24.5	20.7	39.4	12.0
2002	13.3	28.8	22.3	23.1	20.2	38.5	11.6
2003	12.9	28.6		23.0	19.6	38.4	11.0
2004	12.5	28.8		22.7	19.2	37.8	10.6
2005	12.5	28.6		22.4	18.7	37.0	10.3
2006	12.0	28.3		20.3	18.2	36.0	10.3
2007	12.1	28.0		18.9	18.1	35.8	10.8
2008	12.4	27.4		18.9	18.1	36.1	10.5
2009	12.3	27.4		19.7	18.5	37.8	10.1

〈자료〉

미국 http://www.bls.gov/cps/cpsaat40.pdf

영국 http://stats.bis.gov.uk/UKSA/tu/TUM2009.pdf

독일 http://www.statistik-bund.de

호주 http://abs.gov.au/AUSSTATS/ "Trade Union Membership Time Series"

일본 http://www.stat.go.jp/english/data/chouki/19.htm(시계열자료)
http://www.mhlw.go.jp/toukei/itiran/roudou/roushi/kiso/09/index.html

대만 http://statdb.cla.gov.tw/html/mon/c3010.pdf

참고문헌

1. 국내문헌

· 「경영학의 이해」, 박정민 외 3인, 2011, 비엔 엠 북스
· 「경영학원론」, 신유근, 2011, 다산출판사
· 「경영전략과 노사파트너십」, 노병직, 2010, 한국기술교육대학교 고용노동연수원
· 「고성과작업과 작업장 학습」, 대비드 애쉬톤. 조니성, 이호찬. 안정화 역, 2003,한국노동교육원
· 「공무원 노사관계리더십 향상을 위한 노사역량강화 교재」, 2010, 한국기술교육대학 교 고용노동연수원
· 「공병호의 창조경영」, 공병호, 2007, 21세기 북스
· 「기업이 원하는 변화의 리더」, 존 코터, 한정곤 역, 2004, 김영사
· 「노동의 미래 -로마클럽보고서-」, 오리오 기아리니, 파트릭 리트게, 김무열 역, 1999, 동녘
· 「노동운동 상생인가 공멸인가」, 김대환 외 2인, 2010, 위즈덤하우스
· 「노무관리는 과학이다」, 홍성암, 2007, 역사넷
· 「노사관계 및 노동문제에 관한 공직자 의식실태조사」, 서광범, 2011, 한국기술대 학교 고용노동연수원
· 「동반성장을 위한 새로운 비전과 전략」, 2006, 국민경제자문회의
· 「리더에게 결정은 운명이다」, 마이클 유심, 양병찬 역, 2011, 페이퍼 로드
· 「미래 CEO의 조건 -창조적 리더십」, 한창수 외 2인, 2008, 삼성경제연구소

· 「블루오션전략」, 김 위찬. 르네 마보안, 강혜구 역, 2005, 교보문고
· 「사례로 보는 복수노조시대 노사관계매뉴얼」, 「노무법인 유엔」, 2011, 영화조세통람
· 「사회적대화의 경험과 시사점」, 경제사회발전노사정위원회 전문위원실, 2008, 경제 사회발전노사정위원회
· 「인적자원관리」, 김영재 외 2인, 2005, 삼영사
· 「인적자원관리론」, 김준석, 2001, 대명
· 「21세기를 향한 한국경제의 재도약」, 1997, 부스 알랜, 해밀턴
· 「21세기 노동정책」, 이원덕 외 5인, 2000, 한국노동연구원
· 「21세기 한국사회에 있어서 성공적인 리더의 자세」, 강민구, 2009
· 「스마트 리더십」, 리저드 코치 외 2인, 안지환. 권영교역, 2008, 비즈니스 맵
· 「신노사관계론」, 정재훈, 2009, 북넷
· 「조직행동론」, 강정애 외 5인, 2009, 시그마 프레스
· 「조직행동연구」, 백기복, 2011, 창민사
· 「주식회사 대한민국」, 「이제 위대한 성장이다」, 「삼정 KDMG 경제연구원」, 2010, 원앤 원 북스
· 「창의, 혁신 그리고 리더십 - 기업의 경영성과에 대한 영향」, 박재석, 2010, 고려 대학교 대학원 박사학위 논문
· 「하버드 리더십 노트」, 서성교, 2003, 원앤원 북스
· 「한국노사관계론」, 송봉근, 2011, 중앙경제
· 「한국우량기업의 노사관계 DNA」, 김동원 외 11인, 2008, 박영사
· 「한국의 노동 어떻게 할 것인가?」, 남성일 외 9인, 2007, 서강대학교 출판부
· 「현대노사관계론」, 최종태, 2010, 경문사

2. 국외문헌

· Adams, J. S., 「"Toward an Understanding of Inequity", Journal of Abnormal and Social Psychology,」, Vol.67, pp.422~426, 1963

· Ansoff, H. I., 「"Strategies for Diversification,"Harvard Business Review, Sep/Oct」,Vol.35 Issue 5,pp.113~124, 1957

· Arnoid, H. J. & Fledman, D. C., McGraw-Hill, 「Organizational Behavior」, 1986

· Arthur A. Sloane & Fred Witney, 「Labor Relations」, 1994

· Baird, L. S., Post, J. E. & Mahon, J. F., NY:Harper & Row Publishers, 「Management:Functions and Responsibilities」, 1990

· Barnard, C. I., Cambridge, MA:Harvard University Press, 「The Functions of Executives」, 1938

· Bruce E. Kaufman, 「The Economics of Labor Markets and Labor Relations」, 1985

· Child, J. & Mansfield, R., 「"Technology, Size, and Organization Structure," Sociology」, Sep., pp.369~393., 1972

· Conger, J. A. & Kanungo, R. M., 「Empowerment Process:Integrating Theory and Practice," Academy of Management Review」, Vol.13, pp.471~482, 1988

· Davis, G. F. & Thompson, T. A., 「"A Social Movement Perspective on Corporate Control," Administrative Science

Quarterly, Mar.,」 Vol.39, No.1, pp.141~173, 1994

· Day, G. S. & Wensley, R., 「"Assessing Advantage: A Framework for Diagnosing Competitive Superiority," Journal of Marketing」, Apr., pp.1~20, 1988

· Goopaster, K. E., 「"Business Ethics:The Field and Course"」, in Hoffman, W. M., Moore, J. M. & Fedo, D. A.(eds.), Corporate Governance and Institution-aligning Ethics, 1983

· Griffin, R. W., Bostion, NY:Houghton Miffin Company, 「Management, 8th ed.」, 2005

· Hay, R. & Gray, E., 「"Social Responsibilities of Business Managers", Academy of Management Journal」, March, 1974.

· Joel Rogers & Wolfgang Streeck, 「Works Councils」, 1995

· John W. Budd, 「Labor Relations」, 2004

· Julius G. Getman, 「Labor Relations」, 1988

· Kanter, R. M., London:Unwin, 「The Change Masters: Corporate Enterpreneurs at Work」, 1983

· Kuhn, T. S., Chicago, IL:University of Chicago Press, 「The Structure of Scientific Revolution」, 1962

· Neil W. Chamberlain, 「Collective Bargaining」, 1985

· Nelson, B. & Spitzer, D., NY:Workman Publishing, 「The 1001 Rewards Recognition Fieldbook」, 2003

· Pfeffer, J., Boston, MA:Harvard Business School Press, 「Competitive Advantage through People」, 1994

· Ronald G. Ehrenberg & Robert S. Smith, 「Modern Labor

Economics」, 1985

· Schermerhorn Jr., J. R., Hunt, J. G. & Osborn, R. N., NY:John Wiley, 「Management, 10th ed.」, 2010

· Taylor, F., NY:Harper & Row, 「The Principles of Scientific Management」, 1911

· Terry L. Leap, 「Collective Bargaining & Labor Relations」, 1995

· The Dunlop Commission, 「The Future of Worker Management Relations」, 1994

· Vroom, V. H., Boston, MA:Harvard Business Review Book, 「Manage People, not Personnel:Motivation and Performance Appraisal」, 1990

· Wood, D. J., NY:Harper Collins Publishers, 「Business and Society」, 1990

저자 소개

〈학력〉

1981 제24회 행정고등고시 합격
1980 건국대학교 법학과(법학사)
1985 서울대학교 행정대학원 수료
1987 미국 미시간 주립대학교대학원(노사관계학 석사)
2008 숭실대학교대학원(경영학 박사)

〈경력〉

1992~1999 고용노동부 법무담당관, 노동조합과장, 주미대사관 1등 서기관
1998 공인노무사자격취득
2003~2004 고용노동부 공보관, 산업안전국장
2005 대구지방노동청장
2006~2007 고용노동부 노사정책국장
2007 행정고등고시 · 공인노무사 시험위원 역임,
2009 서울지방노동위원회 위원장
2010~2011 한국기술교육대학교 교수(고용노동연수원장)
2011~현재 강남대학교 경영대학 교수

〈주요저서 및 논문〉

1. 한국노사관계론, (주)중앙경제, 2011
2. 노동관계법 판례해설, 중앙경제사, 1994
3. 취업에서 퇴직까지 노동문제 이렇게 해결한다, (주)중앙경제, 2006
4. 우리나라 노사협의제의 활성화 방안에 관한 연구, 숭실대학교사회과학논총, 2007
5. 노사협의회제의 운영이 조직성과에 미치는 영향에 관한 연구, 숭실대학교 박사학위 논문, 2008
6. 노동행정종합컨설팅, 고용노동부(2005), 노동조합업무편람(1990), 산업안전보건업무편람(2004) 등 다수의 행정편람 제작